Mäuse

glücklich & gesund

> Autorin: **Alexandra Roth** | Fotos: **Oliver Giel**

Inhalt

Wohlfühl-Heim

Fit-und-gesund-Programm

Kennenlern-Programm

Beschäftigungs-Programm

Anhang

Wohlfühl-Heim

Siegeszug der Mäuse

Vor gut 9000 Jahren kreuzten sich erstmals die Wege von Mensch und Maus. Die Menschen begannen, Ackerbau zu betreiben und Vorratslager für Nahrung anzulegen, und die Mäuse labten sich an diesen reichen Nahrungsquellen. Schon damals wurden Mäuse gleichermaßen wegen ihrer Possierlichkeit geliebt, aber auch als Nahrungs-Schädlinge bekämpft. Die kleinen Nager genossen deshalb in den verschiedenen Zeitaltern ein unterschiedliches Ansehen, sind aber in fast allen Kulturen zu finden.

Niedliche Maus: Ihre Fans werden immer zahlreicher.

Die Ägypter beispielsweise glaubten, dass Mäuse aus dem Schlamm des Nils entstünden. Man brachte die Mäuse demnach mit »Schmutz« in Verbindung. Im alten Rom und im Mittelalter hingegen ging die Maus in Form von Pulvern – getrocknet oder zerschnitten – als Allheilmittel in die Geschichte der Medizin ein.
Gezüchtet wurden Mäuse aber zum ersten Mal vor etwa 4000 Jahren auf Kreta, wo man sie als heilige Tiere verehrte. Zu Beginn des 17. Jahrhunderts wird von der ersten professionellen Farbmäusezucht in Japan und China berichtet, deren Nachkommen etwa 150 Jahre später auch nach Europa gelangten. Schnell faszinierten dort diese neuen Haustiere viele Tierliebhaber, so dass 1895 in England der erste Zuchtverein »National Mouse Club« gegründet wurde.
Bis heute spielen Mäuse eine nicht mehr weg zu denkende Rolle in unserem Leben. Millionen von Kindern und Erwachsenen weltweit lieben zum Beispiel die »Mickey Mouse« von Walt Disney.

TIPP

Was Mäuse brauchen

- **Wohlfühl-Heim:** Ein großer Käfig mit vielen Spielmöglichkeiten bietet Abwechslung.
- **Beschäftigung:** Mindestens eine halbe Stunde Spielzeit täglich sollten Sie für eine Mäusefamilie einplanen.
- **Erholung:** Tagsüber benötigen Mäuse viele Ruhepausen, da sie eher in der Dämmerung und in der Nacht aktiv werden.
- **Urlaubszeit:** Machen Sie sich frühzeitig Gedanken über einen guten Pflegeplatz.

Das macht die Kleinen liebenswert

Während die kleinen Nager früher mehr oder weniger unbemerkt den Lebensraum des Menschen, vor allem die Dachböden, Keller oder Vorratsschränke, bevölkerten, haben sie durch ihre Intelligenz und Possierlichkeit in den letzen Jahrhunderten mehr und mehr die Herzen ihrer zweibeinigen Mitbewohner erobern können. Speziell für die Heimtierhaltung gezüchtete Mäuse nennt man heutzutage »Farbmäuse«. Auch weiße Mäuse werden dazugerechnet. Doch warum haben gerade die Mäuse so viele Fans unter den Tierliebhabern?

➤ Mäuse sind von Natur aus ebenso genügsam wie zutraulich und erweisen sich – bei guter Pflege – Krankheiten gegenüber als recht robust.

➤ Mäuse sind äußerst aufgeweckte und vor allem neugierige Nagetiere.

➤ Eine gemeinsame Haltung mit anderen Haustieren ist möglich (→ Seite 25).

➤ Vor allem Kinder begeistern sich schnell für diese friedlichen und geselligen Tiere, die zudem noch schnell zahm werden.

Drei, die sich mögen: In Gesellschaft schmeckt's immer noch am besten.

»Mäuse-Zoologie«

Mäuse sind Säugetiere der Ordnung Nagetiere *(Rodentia)*. Sie gehören zur Familie der »echten Mäuse« *(Muridae)*, die neben Hausmaus und Ratte in noch etwa 100 weitere Gattungen eingeteilt wird. In Europa kommen insbesondere zwei Wildformen vor: die Westliche Hausmaus *(Mus musculus domesticus)* und die Nördliche Hausmaus *(Mus musculus musculus)*. Farbmäuse und Labormäuse gehören auch zu den Hausmäusen. Sie werden bei uns am meisten gehalten.

CHECKLISTE

Passen Mäuse in Ihr Leben?

- ✔ **Alle einverstanden:** Sind sich alle in der Familie über die Haltung von Mäusen einig?
- ✔ **Allergie:** Reagiert keiner in der Familie auf Tierhaare allergisch?
- ✔ **Zeit und Geld:** Regelmäßige Pflege und Beschäftigung mit den Mäusen kosten Zeit, Ausstattung, Futter und eventuelle Tierarzthonorare Geld.
- ✔ **Nichtraucher:** Mäuse vertragen keinen Tabakqualm. Verfügen Sie über einen rauchfreien Raum?
- ✔ **»Düfte«:** Mäusegeruch ist nicht jedermanns Sache.

Die richtige Wahl

Mäuse fühlen sich nur in Gesellschaft von Artgenossen richtig wohl. Deshalb sollten sie niemals einzeln gehalten werden. Wenn Sie nicht züchten möchten, kommt vor allem eine gleichgeschlechtliche Gruppe in Frage oder Sie lassen die Männchen

Sicheres Versteck: Mäuse lieben enge Röhren zum Hineinkriechen.

durch Ihren Tierarzt kastrieren (→ Seite 32).
Meiner Erfahrung nach werden männliche Mäuse etwas schneller zahm als Weibchen. Ihr typischer Mäusegeruch ist jedoch stärker ausgeprägt und es kommt hin und wieder zu Rangkämpfen (→ Seite 28). Grundsätzlich ist es besser, eine Gruppe von Tieren zu wählen, die miteinander aufgewachsen ist, zum Beispiel Wurfgeschwister. Die Vergesellschaftung fremder Mäuse kann Komplikationen mit sich bringen (→ Seite 24).
Geschlechtsunterscheidung: Zur Geschlechtsdifferenzierung schauen Sie sich die Bauchunterseite der Tiere an. Bei den Weibchen ist der Abstand zwischen After und Genitalöffnung etwa um die Hälfte kürzer als bei männlichen Mäusen. Sind die Nager schon ausgewachsen, können Sie die Männchen gut an den länglichen Hoden, die sich bis zum After erstrecken, erkennen. Sie sind zudem in der Regel schwerer als Weibchen.

Farbvarianten

Es gibt heutzutage eine schier unüberschaubare Anzahl von Fell- und Farbvarianten bei Farbmäusen.
In England werden folgende Zuchtformen unterschieden: Selfs (einfarbig), Tans (lohfarben), Marked (gescheckt) und eine weitere Gruppe, unter der andere Zuchtlinien zusammengefasst werden. Farbmäuse gibt es beispiels-

TIPP

Mäuse und Kinder

- Erst im Grundschulalter beginnt ein Kind, sich der Verantwortung gegenüber einem Haustier bewusst zu werden.
- Mäuse niemals unvorbereitet etwa als Geburtstagsüberraschung verschenken.
- Mäuse brauchen tagsüber Ruhepausen!
- Ein Kind benötigt bei der Pflege der Mäuse Ihre Hilfe.
- Mäuse haben nur eine kurze Lebenserwartung. Klären Sie Ihr Kind rechtzeitig darüber auf.

Seiltanz: Leichtfüßig und sicher balanciert die Maus auf dem Seil. Notfalls kann sie sich auch mit Hilfe des Schwanzes festhalten. Nur selten kommt es zu einem Absturz.

weise in Schwarz, Braun, sowohl mit heller oder dunkler Bauchunterseite, Rot, Zimt, Creme, Silber (Hellgrau), Chinchilla (Mittelgrau), Weiß mit schwarzen oder roten Augen, Siam (ähnlich gefärbt wie eine Siamkatze) und Schecken auf weißer Grundfläche. Sogar dreifarbige Mäuse sollen inzwischen gezüchtet worden sein. Es gelang auch, die Struktur des Felles zu beeinflussen, so dass langhaarige, satinartige (stark glänzende) oder gelockte Fellvarianten entstanden.

Leider hat sich durch die Zucht, die nur hinsichtlich des Aussehens bestimmt wurde, ein so genannter Letalfaktor bei bestimmten Farbmäusen herausgebildet, der bei Paarung falsch ausgesuchter Elterntiere unmittelbar zum Tod des Nachwuchses führen kann.

In der heutigen modernen Mäusezucht wurde deshalb ein international gültiger Code für die einzelnen Vererbungsmerkmale festgelegt.

Qualzuchten: Verzichten sollten Sie unbedingt auf den Kauf von Mäusen, die ein angezüchtetes Erbleiden in sich tragen wie zum Beispiel die Japanische Tanzmaus. Sie führt Kopf-, Schüttel- und Kreisbewegungen aus.

Bei diesen Tieren liegt eine Missbildung der Hypophyse vor, die schon im jungen Alter zu Taubheit und Zwergwuchs führt. Des weiteren gibt es die so genannten »Singmäuse«. Durch ein Misswachstum des Atmungsapparats »pfeifen« oder »zwitschern« diese Mäuse beim Atmen.

Farbmäuse im Porträt

Farbmäuse werden inzwischen in fast unüberschaubarer Farbenvielfalt gezüchtet. Hier einige der beliebtesten Farbvarianten.

Zimtfarbener Schecke: Schecken gehören zu den beliebtesten Farbmäusen. Die Zucht besonders schön gefleckter Tiere ist nicht einfach, da die Ausbildung der Scheckung nicht vorhersehbar ist, sondern spontan entsteht.

Einfarbig blaue Maus: Sie hat einen matt gefärbten Bauch und schwarze Augen. Chinchilla-Farbmäuse sehen ähnlich aus, haben aber dunklere Haarspitzen und einen helleren Bauch.

Schwarz-weiße Schecken: Sie gibt es sowohl mit gleichmäßiger Fleckenanordnung (even) oder ungleichmäßiger Zeichnung (broken), wie hier.

Siam-Maus: Sie hat dunkle Partien an Nase, Ohren, Schwanz und Beinen genau wie die berühmte Siam-Katze.

Albino: Typisch für die Albino-Maus sind die roten Augen. Es gibt aber auch eine Farbvariante mit weißem Fell und dunklen Augen.

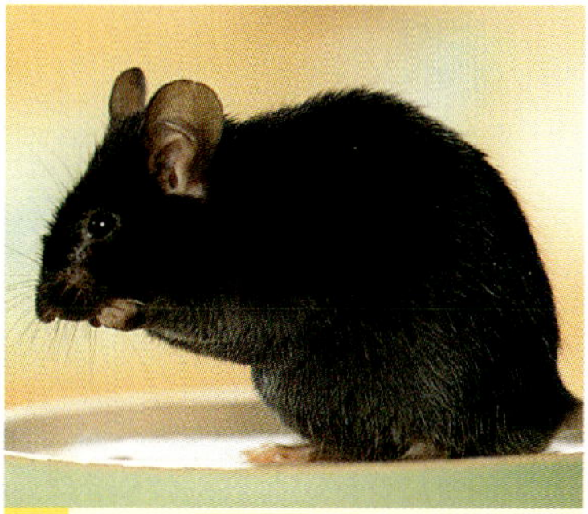

Schwarze Maus: Bei dieser hübschen Farbvariante ist das Fell einheitlich schwarz, auch Ohren und Schwanz sind dunkel gefärbt.

Langhaarig gescheckt: Eine interessante Fellfärbung hat diese Maus. Langhaarige Farbmäuse gibt es inzwischen in vielen Farben.

Augen auf beim Kauf

Überlegen Sie vor dem Kauf der Mäuse, inwiefern sich mit Ihren neuen Heimtieren Ihr gewohntes Leben verändern wird. Mit deren Anschaffung übernehmen Sie für einige Jahre die Verantwortung für ein oder mehrere Tiere. Sie können die kleinen Nager nicht einfach wieder umtauschen oder zurückgeben, wenn Sie später feststellen sollten, dass Ihnen deren Haltung doch nicht liegt. Mäuse sind Lebewesen wie alle Tiere, die nur schwer mit häufigem Besitzer- und Umgebungswechsel klarkommen, ohne Schaden zu nehmen.

Fellpflege: Eine gesunde Maus hält ihr Fell in der Regel selbst in Form.

Gesunde Tiere

Da Mäuse nur etwa 2 bis 3 Jahre alt werden, sollten Sie sich für möglichst junge Tiere entscheiden.
Ab einem Alter von 24 bis 27 Tagen können Jungtiere bereits von der Mutter getrennt werden und in der Regel problemlos in ein neues Zuhause einziehen.
Achten Sie bei der Auswahl Ihrer neuen Hausgenossen unbedingt darauf, dass folgende Gesundheitskriterien erfüllt sind:

- Das Fell sollte glänzend und dicht sein.
- Augen und Nase dürfen keinerlei Ausfluss oder auch Verklebungen aufweisen.
- In der Umgebung des Afters dürfen sich keine Kotverklebungen befinden.
- Die Maus sollte aufmerksam sein und Interesse an ihrer Umgebung zeigen.

Krankheitsanzeichen: Kahle Stellen im Fell, Schuppen und Krusten weisen auf Hauterkrankungen hin. Lähmungen, schiefe Kopfhaltung oder kreiselnde Bewegungen zeigen meist schwere Erkrankungen an. Verklebte Augen und krustige Nasenbeläge sind Anzeichen von Erkältungskrankheiten. Mäuse mit aufgekrümmtem Rücken haben meist Schmerzen.

Hier gibt's Mäuse

Zoofachhandlung: Der einfachste Weg, sich eine Mäusefamilie auszusuchen, ist sicherlich der Zoofachhandel. Lassen Sie sich dort von einem Fachmann beim Mäusekauf beraten. Er sollte in der Geschlechtsunterscheidung von Mäusen geübt sein. Achten Sie darauf, dass schon in der Zoofachhandlung Männchen und Weibchen in getrennten Käfigen angeboten werden. Es passiert nicht selten, dass frisch gebackene Mäusebesitzer

Nanu, wer bist du denn? Fremde Mäuse checken sich zunächst per Geruchskontrolle mit Hilfe ihrer Schnäuzchen.

einige Tage nach dem Kauf mit einem Nest voller Babys überrascht werden.

Züchter: Inzwischen gibt es auch eine Vielzahl von Profi- und Hobbyzüchtern für Farbmäuse. Schauen Sie die Annoncen in Tageszeitungen und Fachzeitschriften durch. Gerade seltenere Farbvarianten sind dort leichter zu bekommen. Häufig sind diese Tiere auch schon von Anfang an zahm.

Suchen Sie sich Ihre Mäuse grundsätzlich immer selbst aus. Züchter geben gern Tiere ab, die sie von der Zucht ausgemustert haben.

Tierheim: Sie können natürlich auch in Ihrem örtlichen Tierheim nachfragen, ob Mäuse zur Vermittlung anstehen. Nicht selten werden dort komplette unerwünschte Würfe abgegeben. Bedenken Sie aber, dass die dort angebotenen Tiere manchmal schon etwas älter sind.

Mäuse aus dem Tierheim zu wählen, hat aber auch Vorteile, die nicht zu verachten sind. Diese Tiere haben sich bereits an ihre Gruppe gewöhnt und sind oft schon zahm. Außerdem handeln Sie bei der Wahl solcher Mäuse im Sinne des Tierschutzes.

CHECKLISTE

Goldene Regeln für den Mäuse-Kauf

- ✔ Ist der Käfig, in dem die Mäuse gehalten werden, sauber?
- ✔ Haben die Tiere genügend Futter und Wasser?
- ✔ Suchen Sie die Tiere immer selbst aus.
- ✔ Beobachten Sie die Mäuse eine Weile, und unterziehen Sie sie dann einem kurzen Gesundheits-Check.
- ✔ Sind die Mäuse nicht schlank, sondern eindeutig übergewichtig, handelt es sich meist um ältere Tiere.
- ✔ Kontrollieren Sie unbedingt selbst, um welches Geschlecht es sich bei den Mäusen handelt.

Gemütliches Mäuse-Heim

Mäuse brauchen in der Obhut des Menschen ein Heim, das mit viel Liebe zum Detail und den unterschiedlichsten Beschäftigungsmöglichkeiten eingerichtet ist. Nur so können sie sich frei entfalten und ihre vielfältigen Verhaltensweisen zeigen.

Durstlöscher: In der Nippeltränke bleibt das Trinkwasser sauber.

Anders in einer kleinen Behausung mit Minimalausstattung. Es gibt wenig Anregung für Sinne und Bewegung der kleinen Nager. Die Mäuse werden träge und sind anfälliger für Krankheiten.

Es gibt mehrere Möglichkeiten, ein interessantes Mäuse-Heim zu gestalten.

Gitterkäfig

Im Zoofachhandel werden die verschiedensten Käfigmodelle für Mäuse angeboten.

Größe: Grundsätzlich sollten Sie für eine Mäuse-Familie von zwei bis drei Tieren eine Käfigfläche von mindestens 80 x 40 cm sowie eine Höhe von mindestens 40 cm kalkulieren. Nach oben hin sind natürlich keine Grenzen gesetzt. Ein Käfig mit mehreren, durch kleine Treppen verbundenen Etagen ist ideal. Sie fördern dadurch den natürlichen Klettertrieb Ihrer Pfleglinge und verschaffen ihnen gleichzeitig mehr Grundfläche zum Spielen. Allerdings nehmen Etagen aus Holz den Geruch des Mäuseurins stark auf und müssen häufig ausgewechselt werden. »Haltbarer« sind leicht zu reinigende Kunststoffplatten.

Gitter: Die Gitterstäbe sollten waagerecht verlaufen. Wichtig ist der Gitterabstand. Beträgt er mehr als sieben Millimeter, kann eine Maus entwischen.

Bodenwanne: Aus hygienischen Gründen kommt eigentlich nur eine Bodenwanne aus Kunststoff in

TIPP

Tipps zur Käfigeinrichtung

- Zwei Käfigtüren: Ein Käfig, der von vorn und oben zu öffnen ist, erleichtert Ihnen die Pflegearbeiten.
- Staubempfindlichkeit: Wenn Sie allergisch auf Staub reagieren, ist klein pelletierte Mais- oder Hanfeinstreu als Käfigeinstreu zu empfehlen. Sie staubt nicht.
- Einstreu: Alte Zeitungen oder Sägemehl gehören nicht in den Mäusekäfig.
- Hamsterwatte: Sie ist als Nestmaterial für Mäuse ungeeignet. Die Tiere können darin hängen bleiben.

Frage. Bessere Sicht für Halter und Mäuse bieten durchsichtige Wannen.

Vogelvolieren

Ein hübsches Mäuseheim bieten auch die handelsüblichen Vogelvolieren. Sie sind meist größer und höher gebaut als die üblichen Nagerkäfige und lassen viele Möglichkeiten für eigene Gestaltungsideen.

Aquarium und Terrarium

Unter bestimmten Umständen kann auch ein Aquarium oder Terrarium zu einer gemütlichen Mäusebehausung werden. Die Vorteile dieser Haltung liegen auf der Hand:

- Einstreu kann nicht herausgescharrt werden.
- Sie können Ihre Mäuse besser beobachten.

Größe und Höhe: Erst ab einem Volumen von 100 l ist ein Aquarium beziehungsweise Terrarium empfehlenswert. Die Höhe darf 35 cm aber nicht überschreiten.
In kleineren Aquarien und Terrarien ist die Luftzufuhr nur ungenügend. Es sammeln sich CO_2 und Ammoniak (durch den Urin der Mäuse) im Bodenbereich, die die Atemwege der Mäuse reizen.

Abenteuerspielplatz: Hier gibt's herrlichen Kletterspaß für die gesamte Mäuse-Familie.

Auch Feuchtigkeit entweicht schlechter. Und nicht zuletzt ist die Akustik in solch kleinen »Glaskästen« für das empfindliche Mäusegehör sehr gewöhnungsbedürftig.
Abdeckung: Aquarien und Terrarien können Sie mit einem engmaschigen Drahtgitter abdecken (im Baumarkt erhältlich). Bereits vorhandene Abdeckungen mit Beleuchtung sind auf Grund der starken Hitzeentwicklung und der unzureichenden Luftbewegung ungeeignet.

Ausstattung und Zubehör

Mäuse lieben es, auf Äste zu klettern, durch Röhren zu kriechen oder ihre Geschicklichkeit auf einem Seil unter Beweis zu stellen. Stets zeigt sich ein neugieriges Mäusenäschen, wenn es gilt, etwas Unbekanntes zu erforschen. In Spielpausen jedoch genießt die Maus die Gemütlichkeit im kuscheligen Nest.

Diese Vorlieben sollten Sie bei der Einrichtung des Mäuse-Heims berücksichtigen.

Häuschen: Planen Sie mindestens ein Häuschen (aus Keramik oder Kunststoff ohne Boden) pro Maus ein, damit sich jedes Tier allein zurückziehen kann.

Einstreu: Als Käfigeinstreu eignet sich saugfähige Kleintierstreu aus Hobelspänen. Die ideale Einstreuhöhe liegt bei etwa 3 bis 4 cm.

Polstermaterial: Mäuse polstern sich ihr Häuschen gern weich aus. Stellen Sie ihnen dafür frisches Heu und Streifen von unparfümierten Papiertaschentüchern zur Verfügung.

Futternapf: Ein bis zwei standfeste Futterschüsseln aus Keramik und ein kleines Tellerchen (beispielsweise ausgediente Untertasse) für Obst und Gemüse im Käfig verteilt aufstellen.

Trinkflasche: Gut geeignet sind die handelsüblichen

Fitness: Ein Laufrad im Käfig sorgt für die nötige Bewegung.

CHECKLISTE

Gefahren im Haushalt

- ✔ Fenster und Schranktüren während des Auslaufs geschlossen halten. Mäuse können sich ihre Gliedmaßen einklemmen oder entwischen.
- ✔ Käfig nie direkt an die Heizung oder in die pralle Sonne stellen. Mäuse sind hitzeempfindlich und sterben schnell an einem Hitzschlag.
- ✔ Darauf achten, dass die Mäuse nie Zugluft ausgesetzt sind, sonst besteht Erkältungsgefahr.
- ✔ Chemikalien, Alkohol, Medikamente, ätzende Reinigungsmittel, viele Zimmerpflanzen und Tabak sind für Mäuse giftig.
- ✔ Mäuse können während des Auslaufs schnell zur Beute anderer Heimtiere, wie etwa Hund und Katze, werden.
- ✔ Kerzen, Zigaretten, Kaminfeuer und Elektrogeräte können schlimme Verbrennungen bei den Tieren verursachen.
- ✔ Beim gemeinsamen Auslauf mit fremden Mäusen kann es zu Beißereien kommen.
- ✔ Mäuse nagen an allem, was ihnen vor das Schnäuzchen kommt. Knabbern sie am Stromkabel, können sie einen tödlichen Stromschlag bekommen.

1 Unterschlupf

Eine Rückzugsmöglichkeit sollte für jedes Mitglied der Mäuse-Familie vorhanden sein. Ausgepolstert mit ein wenig Heu oder Streifen von Küchenpapier wird das Häuschen zu einem beliebten Ort für Kuschelstunden in der Gruppe oder auch allein. Stören Sie die Tiere nicht, wenn sie sich zurückgezogen haben.

2 Mäuse-Klo

Manche Mäuse nehmen solche Ecktoiletten aus Plastik gern an. Füllen Sie dazu eine etwa 2 Zentimeter dicke Sandschicht in den Behälter ein, und wechseln Sie diese bei Bedarf aus. Gut eignet sich dafür handelsüblicher Vogelsand. Katzenstreu ist nicht empfehlenswert, da sie im Magen der Tiere verklumpen kann.

Nippeltränken. Prüfen Sie die Tränke vorher auf ihre Funktionstüchtigkeit. Befestigen Sie sie von außen am Gitter des Käfigs oder im Aquarium an der Gitterabdeckung.
Beschäftigung: Im Zoofachhandel finden Sie eine Vielzahl von Spielzeug und Einrichtungsgegenständen für die kleinen Nager. Gut geeignete Materialien für Zubehör sind Holz, Kork, Ton oder Keramik. Äste oder quer gespannte Seile bieten Kletterabenteuer und stellen ideale Nagemöglichkeiten dar (→ ab Seite 52).

Laufrad: Damit die Mäuse neben einem gelegentlichen Freilauf im Zimmer täglich ausreichende Bewegung bekommen, sollten Sie ihren Pfleglingen unbedingt ein Laufrad aus Metall oder Kunststoff anbieten. Inzwischen gibt es sehr empfehlenswerte Laufräder, die am Käfiggitter befestigt werden, einseitig geschlossen sind und eine durchgehende Juteunterlage besitzen. Diese Laufräder verhindern, dass sich die kleinen Nager an ihren empfindlichen Gliedmaßen verletzen können.

Der richtige Platz für das Mäuse-Heim

Der Käfig sollte weder auf dem Boden noch auf einem hohen Schrank stehen. Ein zugfreies Plätzchen in Augenhöhe ist ideal. Da die kleinen Nager nachts gern aktiv werden, sollte der Käfig nicht im Kinderzimmer oder im Schlafzimmer untergebracht werden. Die ideale Zimmertemperatur liegt bei 16 bis 24 °C. Stellen Sie den Käfig nicht direkt neben eine Heizung oder in die pralle Sonne, denn Mäuse sind sehr hitzeempfindlich.

Fragen rund um Auswahl und Ausstattung

? Ich möchte den Käfig meiner Mäuse umgestalten. Darf ich dazu Wurzeln und Steine aus dem Wald verwenden?
Grundsätzlich ja. Wichtig ist allerdings, dass Sie die Steine vorher mit Wasser reinigen und desinfizieren. Dazu können Sie sie für eine halbe Stunde bei 150 °C im Backofen erhitzen oder ein Desinfektionsmittel aus dem Zoofachhandel verwenden. Wurzeln hingegen sollten für mehrere Tage auf der Heizung getrocknet werden, bevor sie in den Käfig verbracht werden. So vermeiden Sie, dass Krankheitskeime von Wildmäusen in das Mäuse-Heim gelangen.

? Gestern beobachtete ich, wie eine Maus plötzlich durch mein Wohnzimmer flitzte. Nach dem Einfangen stellte ich fest, dass es keine von meinen eigenen Mäusen, sondern eine Wildmaus aus dem Garten war. Darf ich diese Maus behalten?
Da es sich bei dieser Maus um ein Wildtier handelt, dürfen Sie sie aus rechtlicher Sicht und im Sinne des Tierschutzes auf keinen Fall behalten. Bedenken Sie, dass es für frei lebende Tiere eine große Qual ist, wenn sie plötzlich in einen engen Käfig gesperrt werden, egal wie groß er auch sein mag. Setzen Sie das Tier in einer ruhigen Ecke Ihres Gartens wieder aus.

? Meine 72-jährige Großmutter möchte zwei Mäuse von unserem Mäuse-Nachwuchs übernehmen. Würde sie das nicht überfordern?
Nein, überhaupt nicht. Ältere Menschen umsorgen Haustiere meist besonders liebevoll und zeigen zudem ein großes Verantwortungsbewusstsein den kleinen Nagern gegenüber. Unterstützen Sie den Wunsch Ihrer Großmutter, und helfen Sie bei der Auswahl des Käfig und des Zubehörs. Tiere bereichern in vielen Fällen das Leben älterer Menschen.

Hautkontakt: Zahme Mäuse lieben es, von ihrem Pfleger herumgetragen zu werden.

? Wir haben einen Garten mit mehreren Obstbäumen und einer Tanne. Darf ich von diesen Bäumen Äste als Käfigdekoration verwenden?
Äste von Haselnuss-, Apfel- und Birnbäumen sind unbedenklich. Das Holz von Tannen, welches Harz enthält, ist allerdings ungeeignet. Ebenso sollten Sie Kirsch- und Pflaumenbaumäste vermeiden, da deren Rinde geringe Mengen der für Mäuse gesundheitsschädlichen Blausäure enthält.

? Was versteht man unter einer Mäuseburg? Ist sie eine Alternative zur Käfighaltung?
Eine Mäuseburg besteht aus einem normal hohen Tisch, auf dessen Platte mehrere Etagen angebracht werden können. Wichtig ist, dass die Platte über die Beine des Tisches hinausragt, sonst nutzen die Mäuse die Tischbeine zum Hinunterklettern. Sicherheitshalber können Sie die Tischplatte mit einer etwa 10 cm hohen Plexiglasleiste einfassen. Für die Etagen verwenden Sie am besten Kunststoffplatten. Gut ist es, wenn die einzelnen Plattformen nach oben hin kleiner werden. Verbinden Sie nun die Etagen mit Seilen, Leiterchen oder kleinen Brücken. Die einzelnen Plattformen werden mit Spielzeug, Häuschen, Futter- und Trinknäpfen und Toilette ausgestattet. Grundsätzlich ist die Haltung auf einer Mäuseburg durchaus empfehlenswert. Andere freilaufende Haustiere sollten dann aber tabu sein.

? Ich möchte ein neues Tier zu meiner alten Mäusegruppe hinzusetzen. Kann ich direkt mit der Vergesellschaftung beginnen?
Ich empfehle jedem Mäusehalter, bei neuen Tieren eine Quarantänezeit von mindestens 2 bis 3 Wochen einzuhalten. Quarantäne heißt in diesem Zusammenhang nichts anderes, als dass die neu erworbenen Mäuse in einem Zweitkäfig – mehrere Meter entfernt vom alten Mäusekäfig – untergebracht sind und das jeweilige Zubehör nicht ohne vorherige Desinfektion ausgetauscht werden darf. So vermeiden Sie Krankheiten, die die neu hinzugekauften Mäuse einschleppen könnten (→ Seite 25).

MEINE TIPPS FÜR SIE

Alexandra Roth

Wohnparadies für Mäuse

- Der Mäusekäfig kann nicht groß genug für die neugierigen und bewegungsfreudigen Nager sein. Sehr gut eignen sich Vogelvolieren als Mäuse-Wohnheim (→ Seite 15).
- Sitzbrettchen in unterschiedlichen Höhen im Mäuse-Heim angebracht bieten tolle Aussichten.
- Quietschende Laufräder ölen Sie am besten mit Vaseline oder Speiseöl.
- Sand gefüllte Mäusetoiletten (→ Foto, Seite 17) nehmen die Nager gern an. Niemals Katzenstreu verwenden! Sie könnte gefressen werden und im Magen der Maus verklumpen. Empfehlenswert ist handelsüblicher Vogelsand.
- Mäuse sind Nagetiere. Zum Abrieb ihrer Zähne benötigen sie stets ausreichende Nagemöglichkeiten wie zum Beispiel Zweige von ungespritzten Apfel- oder Birnbäumen.

Kennenlern-Programm

Sanfte Eingewöhnung

Umzug aus dem gewohnten Käfig in ein neues Heim bedeutet für jede Maus Stress pur. Deshalb sollte bereits der Transport so schonend wie möglich für die Tiere sein. Gut eignet sich dafür eine im Zoofachhandel erhältliche Transportbox aus Plastik mit Luftschlitzen im Deckel. Eine Handvoll Streu, vermischt mit ein wenig Körnerfutter, sorgt für Ablenkung und Beschäftigung. Pappkartons oder Dosen sind für den Transport ungeeignet.

Einzug ins neue Heim

Zu Hause angekommen dürfen die kleinen Zwerge sofort ihr fix und fertig eingerichtetes neues Zuhause beziehen. Setzen Sie sich neben den Käfig, und beobachten Sie, was in der Mäusewelt geschieht. Scheue Mäuse verkriechen sich anfangs noch im Häuschen, mutigere Tiere beginnen sofort damit, alle vier Ecken des Käfigs zu inspizieren und sämtliche Einrichtungsgegenstände ausgiebig zu beschnuppern, eventuell auch eine Knabberprobe zu nehmen. Vermeiden Sie Lärm und hektische Bewegungen. Das würde Ihre Mäuschen nur unnötig verunsichern. Ab dem dritten Tag können Sie mit der Zähmung Ihrer neuen Haustiere beginnen.

Seil-Akrobatik: Mäuse sind wahre Kletterkünstler. Diesen Ring aus Seilen gibt es im Zoofachhandel zu kaufen.

Das A und O der Mäuse-Zähmung

- Anfangs sollte sich stets dieselbe Person mit den Tieren beschäftigen. So fassen die kleinen Nager wesentlich schneller Zutrauen.
- Nutzen Sie die Wachphasen der Tiere. Am besten eignen sich die frühen Abendstunden.
- Sorgen Sie dafür, dass es im Raum ruhig ist.
- Beobachten Sie zunächst die Mäusegruppe. Sprechen Sie dann die Tiere leise an.
- Halten Sie Ihre Hand ans Käfiggitter, damit die Mäuse

Ihren persönlichen Geruch kennen lernen (Hände zum Beispiel vorher nicht mit parfümierter Seife waschen!)

➤ Öffnen Sie nach ein paar Minuten die Käfigtür, und lassen Sie die Tiere selbst entscheiden, ob sie sich Ihnen nähern wollen oder nicht.

➤ Bieten Sie den Mäuse einen Leckerbissen, beispielsweise eine Haselnuss, mit der Hand an. So lassen sich die kleinen Nager am einfachsten aus ihren Verstecken locken. Im Lauf der Zeit werden Ihre Tiere sich an den Geruch Ihrer Hand gewöhnen, Leckerchen schätzen lernen und sich schließlich auch am Kopf und Nacken kraulen lassen.

Der richtige Umgang

Viele zahme Farbmäuse laufen schon erwartungsvoll zur Käfigtür, wenn sich der Besitzer dem Mäuse-Heim nähert, und springen ganz von allein auf die Hand, wenn die Tür geöffnet wird. Andere Tiere lassen sich dafür gut mit beiden Händen hochnehmen, indem man sie von der Seite unter dem Bauch »aufschaufelt«. Greifen Sie aber eine Maus niemals plötzlich von oben mit der Hand. Das löst

Sich kennen lernen

Sprechen Sie die Mäuse leise an, und nähern Sie sich vorsichtig dem Käfig. Geben Sie den Kleinen Zeit, von allein an die Gittertür zu kommen. Mäuse verlieren schnell ihre Scheu.

1

Sanftes Schnuppern

Öffnen Sie die Käfigtür, und lassen Sie die Mäuse an Ihrer Hand schnuppern. Eine leckere Belohnung wie eine Rosine dürfen Sie ihnen nun gern geben. Später werden die Nager Sie an Ihrem persönlichen Geruch sofort erkennen.

2

Leckerbissen lockt

Mutig klettern die meisten Mäuse schon nach kurzer Zeit auf Ihre Hand. Vor allem, wenn ein Leckerbissen nach jeder neuen Überwindung lockt, wird das Mäuschen zu weiteren Erkundungen angeregt und in seiner Neugierde bestätigt.

3

Ein tolles Team

Schon bald werden Ihre Mäuse ganz ohne Scheu auf Ihre Hand klettern und sich von Ihnen im Nacken oder hinter den Öhrchen kraulen lassen. Jetzt können Sie sich mit den Kleinen auch vom Käfig entfernen und sie anderen Familienmitgliedern vorstellen.

4

bei den kleinen Wesen sofort den Fluchtreflex aus, da viele natürliche Feinde (wie etwa Eulen oder Greifvögel) Mäuse in ähnlicher Weise als Beutetiere jagen. Unter Umständen bekommen Ihre Mäuse dabei sogar einen derart großen Schock, dass sie Sie vor Angst beißen und zudem noch ihre Zutraulichkeit verlieren.

Mmh, das schmeckt! Der Leckerbissen wird mit den Vorderpfötchen gehalten.

Einfangen: Eine gute Alternative, um scheue Mäuschen aus dem Käfig zu holen oder sie während des Freilaufs im Zimmer einzufangen, bieten kleine Gefäße wie zum Beispiel Würfelbecher, Vasen oder Papprollen, in die Sie die Maus vorsichtig leiten können. Bei dieser Methode verbindet der kleine Nager das unangenehme Einfangen nicht mit Ihrer Hand.

In Ausnahmefällen dürfen Sie die Maus ruhig auch mal am Schwanz (am letzten Drittel zur Schwanzwurzel hin) aus dem Käfig nehmen. Das ist für eine Maus zwar unangenehm, aber keineswegs schmerzhaft. Achten Sie dabei darauf, dass der Zug auf die Schwanzhaut nicht zu stark ist, da sie reißen könnte.

Von dem so genannten Nackengriff sollten Sie allerdings niemals Gebrauch machen. Es besteht die Gefahr, dass Sie die Maus durch einen zu festen Griff würgen.

Vergesellschaftung fremder Mäuse

Vielleicht möchten Sie eines Tages Ihre Mäusegesellschaft vergrößern oder einer einzelnen Maus einen neuen Partner zugesellen. Für solche Fälle sollten Sie die Grundregeln einer erfolgreichen Vergesellschaftung kennen. Nach meiner Erfahrung hat sich die so genannte Käfigwechselmethode als recht stressfrei für die Tiere bewährt:

- Sie brauchen unbedingt einen zweiten Käfig.
- Beide Käfige werden gründlich gereinigt und neu eingerichtet, bevor die »alten« Tiere in dem einen, die »neuen« in dem anderen untergebracht werden.
- In den folgenden Tagen setzen Sie die jeweilige Mäusegruppe oder die einzel-

TIPP

So fühlen sich die Mäuse bei Ihnen wohl

- Lassen Sie Ihre Mäuse stets an Ihrer Hand schnuppern, wenn Sie sich ihnen nähern. Sie erkennen sehr schnell Ihren persönlichen Duft.
- Formen Sie beim Tragen einer Maus mit den Händen eine Höhle. Das vermittelt dem Tier ein Gefühl der Geborgenheit.
- Mäuse krabbeln gern auf Ihrer Schulter herum. Passen Sie auf, dass die kleinen Nager nicht abstürzen.
- Ein Leckerbissen in der Hemdentasche verlockt die Mäuschen zum Hineinkriechen.

ne Maus wechselseitig in den Käfig der anderen. So gewöhnen sich die Mäuse schnell an den Geruch der fremden Artgenossen und betrachten sie bald als Angehörige ihrer Sippe.

➤ Wechseln Sie während dieser Zeit keinesfalls die Einstreu!

➤ Nach frühestens fünf Tagen kann das erste Mal ein Zusammenführen der Tiere auf neutralem Boden (zum Beispiel beim freien Auslauf im Zimmer) stattfinden. Die Streu kann nun ebenfalls erneuert werden.

➤ Selbst wenn bei dieser Begegnung alles gut geht, sollten die Tiere danach wieder in getrennte Käfige kommen.

➤ Weiterhin die Gruppen täglich wechselseitig in die entsprechenden Käfige setzen.

➤ Während des gemeinsamen Auslaufs kann von Tag zu Tag die Begegnungszeit verlängert werden.

➤ Nach etwa zwei Wochen können Sie eine Vergesellschaftung der Mäuse in ihrem künftigen gemeinsamen Heim versuchen.

➤ Bei jeder heftigeren Beißerei die Tiere sofort trennen und den Zeitraum der Vergesellschaftung verlängern.

Käse sollte für die kleinen Nager nur ein seltener Leckerbissen sein.

Wichtig: Jede Maus ist ein Individuum. Es gibt Mäuse, die bis zu fünf Wochen brauchen, um sich an fremde Artgenossen zu gewöhnen, andere schließen sofort Freundschaft, andere gar nicht. Entscheidend ist, dass Sie den Mäusen viel Geduld und Einfühlungsvermögen entgegenbringen.
Denken Sie auch daran, nur gesunde Tiere mit Ihren »alten« Mäusen zu vergesellschaften. Halten Sie grundsätzlich eine Quarantänezeit für die Neulinge ein (→ Seite 19).

CHECKLISTE

Regeln fürs Zusammenleben

- ✔ Eine Vergesellschaftung von Weibchen untereinander gelingt fast immer.
- ✔ Erwachsene Böcke lassen sich meist nie aneinander gewöhnen. Beißereien bis aufs Blut sind an der Tagesordnung.
- ✔ Sie können versuchen, noch nicht geschlechtsreife junge Böcke miteinander zu vergesellschaften. Voraussetzung: Es lebt kein Weibchen im selben Käfig.
- ✔ Kastrierte Männchen sind zwar weniger aggressiv, jedoch kann es auch hier zu Beißereien kommen.

Was Mäuse alles können

Mäuse haben im Lauf der Evolution äußerst feine Sinnesorgane entwickelt.
Dank dieser hoch entwickelten Sinne konnten sie sich in der ganzen Welt – sowohl in freier Natur als auch in Städten – erfolgreich verbreiten.

Hochsitz: So hat die Maus einen prima Überblick über ihr Revier.

Wie Mäuse sehen

Mäuse haben kugelrunde, schwarze oder rote Knopfaugen ohne sichtbare Iris und weiße äußere Umrandung. Ihr Sichtfeld beträgt auf Grund der sehr weit seitlich lokalisierten Augen nahezu 360°. Dadurch sind sie sogar in der Lage, Bewegungen oder Gegenstände hinter sich wahrzunehmen. Jedoch geht diese Eigenschaft auf Kosten des räumlichen Sehens. Ihre Umgebung sehen Mäuse begrenzt scharf und wenig farbig (hauptsächlich Gelbtöne). Objekte in Bewegung nehmen sie leichter wahr als unbewegte Dinge.
Viele Raubtiere wie etwa Katzen machen sich in freier Natur dieses Phänomen zu Nutze. Sie verharren lange bewegungslos in der Nähe der Maus, bis diese sich in Sicherheit wiegt, und greifen dann plötzlich an.

Das Hörvermögen

Im Verhältnis zu ihrer Körpergröße haben Mäuse sehr große Ohren. Im Gegensatz zum Menschen können sie damit Geräusche im Ultraschallbereich von bis zu 100 000 Hz wahrnehmen. Die Hörgrenze des Menschen liegt indes bei nur maximal 16 000 bis 20 000 Hz. Da Mäuse sich hauptsächlich in dem für uns unhörbaren Wellenlängenbereich verständigen, erscheint uns ihre Sprache als eine Aneinanderreihung gleich klingender Piepslaute. Dabei besitzen sie

TIPP

Umgangsregeln

- Schatten und plötzliche hektische Bewegungen erschrecken eine Maus.
- Nähern Sie sich Ihren Mäusen grundsätzlich langsam von der Seite oder von vorn.
- Mäuse nehmen Gerüche viel intensiver wahr als wir. Die Parfümflasche oder Reinigungsmittel gehören nicht neben den Käfig.
- Bei der Reinigung des Käfigs sollten Sie einen Teil des alten Nistmaterials wieder ins gereinigte Nest legen.

1 **Kletterkünstler**

Nichts lieben Mäuse so sehr wie das Klettern. Da ihr Sehsinn nur mäßig gut ausgeprägt ist, hilft ihnen neben ihrer guten räumlichen Wahrnehmung vor allem der Tastsinn bei diesem Hobby. Mit Hilfe ihrer feinen Tasthärchen am Kopf und Körper können sie selbst im Dunkeln noch von Ast zu Ast klettern, ohne herunterzufallen.

2 **Wahre Akrobaten**

Das räumliche Wahrnehmungsvermögen von Mäusen ist gut ausgebildet. Ohne Schwierigkeiten balancieren sie selbst über dünnste Seile und legen dabei größere Distanzen zurück, ohne das Gleichgewicht zu verlieren. Der Schwanz dient den Nagern dabei zum Ausbalancieren und wird beim Seiltanz ständig neu ausgerichtet.

ein viel größeres Verständigungsrepertoire als wir Menschen. Töne aus der Menschenwelt nehmen sie wiederum als sehr dumpf wahr. Das ist auch der Grund, warum sie durch plötzliches Einschalten von lauter Musik nicht erschreckt werden, sondern eher neugierig und verblüfft erscheinen.

Ausgeprägter Geruchssinn

Der Geruchssinn ist neben dem Hörvermögen der am besten ausgeprägte Sinn von Mäusen. Auf ihren winzigen Fußsohlen sitzen Drüsen, die bei jedem Schritt einen typischen Geruchsstoff abgeben. Mit dem Urin markieren sie ganze Duftstraßensysteme. Begegnen sich zwei fremde Mäuse, wird erst einmal ausgiebig ein Geruchs-Check des jeweils anderen Tieres durchgeführt und so gleich in »fremd« oder »familienzugehörig« eingestuft.

Der Tastsinn

Die Reichweite der Tasthaare um die Mäusenase beschreibt einen großen Bogen, mit dem Mäuse selbst leichteste Luftbewegungen oder Berührungen an Gegenständen bemerken. Durch Bewegung der Haut im Nasenbereich werden diese hochempfindlichen Sinnesorgane in kaum wahrnehmbarer Art und Weise aktiviert. Die Mäuse checken auf diese Weise ununterbrochen die Umgebung ab, vergleichbar etwa mit dem Radargerät eines Schiffes. Farbmäuse verfügen zusätzlich über Sinneshärchen, die über den ganzen Körper verteilt im Fell wachsen. Damit orientieren sie sich besonders in der Dunkelheit.

Kleine Verhaltenskunde

Mäuse sind äußerst flinke Tiere. Im Laufen, Springen und Klettern sind sie wahre Meister. Verhaltensforscher haben eine Geschwindigkeit von bis zu 12 km/h bei einer flitzenden Maus messen können. Das entspricht in etwa der durchschnittlichen Geschwindigkeit eines langsamen Fahrradfahrers. Die größte Aktivität zeigen Mäuse in den Dämmerungs- und Nachtstunden, aber auch tagsüber kommen sie gern aus ihren Schlupfwinkeln hervor, wenn es etwas Neues zu entdecken gilt. Ihre Ruhe- und Aktivitätsphasen wechseln dabei im Lauf eines Tages bis zu 20-mal ab.

Revierverhalten

Hausmäuse leben auf fest umgrenzten Territorien in Form von Großfamilien. Die Grenzen ihres Reviers werden mit Urinmarkierungen abgesteckt und verteidigt.

Eine Großfamilie besteht in der Regel aus einer unterschiedlichen Anzahl von zusammenlebenden Gruppen (meist ein Männchen, auch »Bock« genannt, mit mehreren Weibchen); aber auch Einzeltiere werden nicht ausgeschlossen. Der Chef der Familie, sozusagen der »Oberbock«, ist das Männchen mit dem höchsten Platz in der Rangordnung. Nur er darf alle paarungsbereiten Weibchen der Sippe decken. Dadurch wird gewährleistet, dass die Nachkommen immer von starken und gesunden Mäusevätern gezeugt werden. Allerdings verändert sich die Rangfolge bei Mäuseböcken ununterbrochen. Der Oberbock wird ständig von rangniedrigeren Männchen zum erneuten Ausfechten der höchsten Rangposition herausgefordert.

Rangkämpfe: Bei Rangkämpfen stehen sich die beiden Kontrahenten zunächst aufrecht gegenüber, beginnen

Schnupperkontakt: Mäuse haben einen hervorragenden Geruchssinn. Eine Maus erkennt Sie bald an Ihrem Geruch.

mit kräftigem Schwanzklopfen und Trommeln der Hinterbeine (»Drohhaltung«). Dann gehen sie kurz aufeinander los und trennen sich wieder. Diese Verhaltensabfolge wird mehrfach wiederholt, bis der Unterlegene in aufrechter Position durch Heranziehen der Vordergliedmaßen an den Körper, gleichzeitigem Hinhalten der ungeschützten Kehle und einem kurzen Piepslaut zu erkennen gibt, dass er aufgibt (»Demutshaltung«). Damit ist der Kampf beendet. Verliert der Oberbock den Kampf, rutscht er automatisch auf die unterste Rangstufe und wird »zum besseren Verständnis« seiner Niederlage von sämtlichen anderen Männchen kurz gebissen. Nur selten wird bei Rangkämpfen ein Tier ernsthaft verletzt.

Revierkämpfe: Ganz im Gegensatz zu den Rangkämpfen verläuft ein Kampf zwischen Männchen zweier fremder Großfamilien äußerst aggressiv. Der Revierverteidiger versucht mit allen Mitteln, den Eindringling zu verletzen und ihn in die Flucht zu schlagen. Dieses Verhalten ist bei einer Vergesellschaftung fremder Tiere im Käfig unbedingt zu berücksichtigen (→ Seite 24). Im Gegensatz zur freien Natur kann dort eine Maus nicht aus dem fremden Revier flüchten, sondern wird entweder massiv bekämpft oder stirbt an Stress.

Kennen Sie Ihre Mäuse?

	Ja	Nein
1. Sind Mäuse Einzelgänger?	☐	☐
2. Gehören Sonnenblumenkerne und Nüsse zur täglichen Mahlzeit?	☐	☐
3. Haben Mäuse einen gut ausgeprägten Geruchssinn?	☐	☐
4. Mögen es die kleinen Nager, am Schwanz angehoben zu werden?	☐	☐
5. Brauchen Mäuse hin und wieder Eiweißkost?	☐	☐
6. Kümmern sich nur die Mäuse-Mütter um den Nachwuchs?	☐	☐
7. Können Mäuse Töne im Ultraschallwellenbereich wahrnehmen?	☐	☐
8. Reicht ein Häuschen für eine Gruppe von Mäusen aus?	☐	☐
9. Benötigen Ihre Mäuse eine regelmäßige Zahnkontrolle?	☐	☐

Auswertung: 1. = Nein, 2. = Nein, 3. = Ja, 4. = Nein, 5. = Ja, 6. = Ja, 7. = Ja, 8. = Nein, 9. = Ja

Mäuse lieben Familienleben

Mäuse sind sehr soziale Tiere, die niemals freiwillig allein leben würden. Sie haben ein starkes Bedürfnis nach der Geborgenheit und dem Schutz in der Familie. Die gemeinsame Fellpflege, das so genannte Allogrooming, ist ein Teil ihrer sozialen Kommunikation und dient nicht nur der Sauberkeit. Mäuse-Mütter ziehen ihre Jungen zudem oft gemeinsam auf, ohne Unterschiede zwischen ihren und anderen Mäusekindern zu machen.

Verhaltensdolmetscher
Mäuse

Kennen Sie die Mäusesprache? Hier erfahren Sie, was Ihre Maus mit ihrem Verhalten ausdrücken möchte ? und wie Sie richtig darauf reagieren ➜.

> Die Maus hat sich mit den Vorderpfötchen auf die Erdbeere aufgestützt und schnuppert.

? Ein neuer Geruch oder ein unbekanntes Geräusch haben ihre Aufmerksamkeit geweckt.
➜ Erschrecken Sie die Maus jetzt nicht.

> Geschickt balanciert eine Maus selbst über den dünnsten wackelnden Ast.

? Mäuse sind die reinsten Kletterkünstler.
➜ Keine Angst, Mäuse stürzen nur selten ab. Lassen Sie sie ungestört weiterklettern.

Aufmerksam bewacht die Mutter ihr Nest.

? Die jungen Mäuse sind jetzt noch hilflos und brauchen die intensive Fürsorge der Mutter.
→ In den ersten Tagen nach der Geburt sollten Sie die Jungen nicht anfassen und die Mutter nicht bei der Pflege stören.

Die Maus steht aufrecht und hält ihr Futter mit den Vorderpfoten.

? Das Tier ist völlig ins Fressen vertieft.
→ Lassen Sie die Maus in Ruhe zu Ende knabbern.

Eine Gruppe von Mäusen bei der Mahlzeit.

? Selbst beim Fressen suchen die Tiere die Nähe und Wärme von Artgenossen.
→ Stören Sie die Harmonie nicht.

Diese beiden kennen sich nicht.

? Mäuse checken sich gegenseitig zunächst einmal gründlich per Näschen durch.
→ Eine Vergesellschaftung neuer Mäuse darf nicht plötzlich geschehen.

Nachwuchs in der Mäusefamilie

Farbmäuse können bis zu 100 gesunde Nachkommen pro Jahr bekommen. In einer gemischtgeschlechtlichen Gruppe sollte das Männchen deshalb stets kastriert werden (→ Tipp, unten).

Mäuse-Babys kommen nackt, taub und zunächst blind auf die Welt.

Warum Mäuse-Damen gern flirten

Kommt das Weibchen in die Brunst, fängt der Oberbock der Mäusegroßfamilie an, ihr Hinterteil zu beschnuppern, es zu belecken und einen ersten Deckversuch zu starten. Aber so einfach lassen sich Mäuse-Damen nicht betören. Das Weibchen läuft dem Männchen mehrmals davon und lockt es immer wieder neu an, bis es sich zum Deckakt bereit erklärt. Dazu drückt es sein Hinterteil steil nach oben und hält den Schwanz zur Seite.

Schwangerschaft und Geburt

Etwa 15 Tage nach einem erfolgreichen Deckakt bekommt die Mäuse-Dame einen sichtbar dicken Bauch und beginnt emsig ein Nest aus Heu, Zweigen, Papier oder anderen geeigneten Materialien zu bauen. Kurz vor der Geburt fängt die Maus an, unruhig zu werden, und zeigt einen leicht blutigen Vaginalausfluss. Mäuse gebären meist nachts zwischen 22.00 und 2.00 Uhr. Die Mutter zerbeißt unmittelbar nach der Geburt jeden Kindes dessen Fruchtblase und regt durch Belecken des Bauches die Darmtätigkeit des kleinen Wesens an. Die nährstoffreiche Nachgeburt wird gefressen. Die gesamte Geburt ist bereits nach einer halben Stunde abgeschlossen. Da Mäuse sofort nach der Geburt wieder deckbereit

TIPP

Geburtenkontrolle einfach erklärt

- Bei der Kastration werden die Keimdrüsen (Eierstöcke beziehungsweise Hoden) entfernt, bei weiblichen Tieren oft auch die Gebärmutter. Aggressives Verhalten wird dadurch vermindert, der Geschlechtstrieb erlischt.
- Beim Männchen ist die Kastration wesentlich weniger aufwändig als beim Weibchen.
- Bei der Kastration muss der Tierarzt der Maus eine Vollnarkose geben. Das ist nicht ohne Risiko für den kleinen Nager.

70 bis 80 Babys in durchschnittlich 10 Würfen pro Jahr kann eine Mäuse-Mutter zur Welt bringen.

sind, kann es passieren, dass die Mutter bereits einen weiteren Wurf in sich trägt und den alten noch säugt.

Mäusekinder werden erwachsen

Wenn Sie Mäusekinder beobachten, fällt auf, dass sich die Kleinen vorwiegend im Kreis bewegen. So wird von Natur aus verhindert, dass sie sich allzu weit vom schützenden Nest fortbewegen.
Direkt nach der Geburt sind die Kleinen noch nackt, taub und blind. Täglich säugt und putzt die stolze Mutter ihre Kleinen und leckt deren Harn und Milchkot auf. Um den 13. Lebenstag öffnen sich dann die Augen des Nachwuchses und die Schneidezähne werden sichtbar. Nun beginnen die Jungen, zusätzlich zur Muttermilch feste Nahrung aufzunehmen und ihre Umgebung zu erkunden. Das ist der richtige Zeitpunkt, um die Mäuse an die Hand des Menschen zu gewöhnen. Bereits im Alter von 22 bis 25 Tagen müssen Männchen und Weibchen getrennt werden, da weibliche Mäuse bereits mit 28 bis 46 Tagen geschlechtsreif werden, Männchen 6 bis 8 Tage später.

CHECKLISTE

Wichtiges zum Nachwuchs

- ✔ Die Trächtigkeit dauert bei der Maus etwa 18 bis 24 Tage.
- ✔ Die Mäusekinder müssen etwa 18 Tage gesäugt werden.
- ✔ Ein Weibchen kann bis zu zwölf Würfe in einem Jahr zur Welt bringen. Geburtenkontrolle ist angesagt (→ Tipp, links).
- ✔ Die durchschnittliche Wurfgröße liegt bei 6 bis 8 Jungen.
- ✔ Ein Junges wiegt am Tag seiner Geburt nur 1 Gramm.
- ✔ Das Weibchen wird mit etwa einem Jahr unfruchtbar.

Fragen rund um Eingewöhnung und Nachwuchs

Mein Mäusepärchen hat vor einer Woche Nachwuchs bekommen. In welchem Alter kann ich die Kleinen von ihrer Mutter trennen?
Frühestens ab dem 18. Lebenstag können Mäuse-Kinder von der Mutter getrennt werden. Ab diesem Zeitpunkt brauchen sie keine Muttermilch mehr. Damit den Knirpsen ein längerer Zeitraum für ihre komplette Futterumstellung auf feste Nahrung eingeräumt wird, halte ich allerdings den 22. bis 26. Lebenstag für eine ideale Zeit, um die Jungen abzugeben.

Die Mutter meines Mäusewurfs ist drei Tage nach der Geburt plötzlich verstorben. Kann ich die jungen Mäuse mit der Flasche selbst großziehen?
Ja, auf jeden Fall. Nehmen Sie zur Fütterung Säuglingsmilch (für Menschen-Babys), und verrühren Sie sie mit Schlagsahne und Eigelb zu gleichen Teilen. Vermischt mit ein wenig Wasser sollten Sie diese Mixtur den Mäuse-Babys in den ersten Tagen alle zwei bis drei Stunden mit Hilfe einer Pipette bis zur Sättigung verabreichen. Viel Erfolg!

Vor etwa zwei Tagen fingen meine beiden Mäuseböckchen an, sich so heftig zu beißen (die Mäuse sind jetzt neun Wochen alt), dass ich sie trennen musste. Was soll ich nun tun?
Wahrscheinlich sind Ihre beiden Mäuse-Männchen in die Pubertät gekommen und beginnen jetzt, ihr Revier zu markieren und die Rangordnung auszukämpfen. Versuchen Sie die beiden in einigen Tagen wieder miteinander zu vergesellschaften (→ Seite 24). Gelingt dies nicht, sollten Sie die Männchen von einem Tierarzt kastrieren lassen und jedem ein Weibchen als Partner hinzusetzen.

Ein Weibchen meiner Mäuse-Gruppe bekommt demnächst ihren ersten Wurf. Kann ich das inzwischen kastrierte Männchen im Käfig lassen?

Zwei, die sich verstehen: Das ist bei Mäuse-Böckchen nicht selbstverständlich.

Sie können den werdenden Mäuse-Papa ruhig im Käfig lassen. Mäuse-Männer ignorieren entweder ihren Nachwuchs oder fangen an, nach einigen Tagen Vatergefühle zu entwickeln und Nahrung zum Nest zu tragen.

? Seit einem halben Jahr hält meine Tochter eine Gruppe von drei Mäuse-Männchen. Nach der Gesamtreinigung des Käfigs riecht der Käfig bereits nach einer dreiviertel Stunde wieder stark nach Mäuseurin. Was mache ich falsch?
Wenn männliche Mäuse in eine neue Umgebung kommen, beginnen sie sofort, sämtliche Gegenstände zu markieren. So stecken sie in freier Natur ihr Revier ab. Durch die Käfigreinigung riecht das Mäuseheim nun annähernd neutral. Das lädt die kleinen Mäuseriche geradezu dazu ein, eine große Markierungsaktion zu starten, bei der kein Gegenstand ausgelassen wird.
Wechseln Sie beim nächsten Mal nicht mehr die gesamte Einstreu aus, sondern mischen Sie eine Handvoll benutzte Streu oder Nistmaterial zur neuen hinzu.

? Seit einigen Jahren halten wir eine Katze und ein Meerschweinchen. Mein Sohn möchte nun auch gern noch ein Farbmaus-Pärchen dazu haben. Kann ich diese oder andere Tiere überhaupt zusammen halten?
Grundsätzlich ja. Allerdings sollten verschiedene Haustiere niemals im selben Käfig gehalten werden. Jede Art besitzt eine eigene Lautsprache und Verhaltenweisen, die von Tierart zu Tierart unterschiedlich aufgefasst werden könnten.
Einen gemeinsamen Auslauf mit anderen Heimtieren – außer mit Meerschweinchen – kann ich ebenfalls nicht empfehlen, da Streitereien an der Tagesordnung sind. Für Hund und Katze sind Mäuse Beutetiere. Ist jedoch gesichert, dass die Mäusefamilie niemals mit Hund und Katze gemeinsam Auslauf hat und der Käfig an einem unerreichbaren Platz steht, ist es durchaus möglich, sie gemeinsam in einer Wohnung zu halten.
Kleine Vögel reagieren völlig gleichgültig Mäusen gegenüber, Großpapageien hingegen können Mäusen Schaden mit dem Schnabel zufügen.

MEINE TIPPS FÜR SIE

Alexandra Roth

Harmonisches Zusammenleben

- Nur in einem großen Käfig kann eine Maus auch einmal ganz für sich allein sein. Das baut Stress in der Gruppe ab.
- Jede Maus braucht ein eigenes Häuschen (aus Keramik oder Kunststoff ohne Boden) als Rückzugsmöglichkeit.
- Die hohen Frequenzen von Handy-Tönen sind für das empfindliche Mäusegehör sehr unangenehm. Handys deshalb nicht in unmittelbarer Nähe des Käfigs benutzen.
- Der Geruch von Duftlampen tut uns Menschen oftmals gut. Mäuse dagegen nehmen den Duft sehr viel stärker wahr und mögen ihn nicht.
- Die richtige Wahl der Gruppenzusammensetzung garantiert von Anfang an ein harmonisches Zusammenleben der Mäuse-Gesellschaft (→ Die richtige Wahl, Seite 8).

Fit-und-gesund-Programm

Lecker und gesund

In der Natur sind Mäuse genügsame Allesfresser. Sie ernähren sich hauptsächlich von verschiedenen Getreidesorten und Gräsern. Gelegentlich knabbern sie auch an Nüssen, Obst und Gemüse. Der Zoofachhandel hält Futtermischungen bereit, die speziell auf die Ernährungsansprüche von Mäusen abgestimmt sind. Eine Kombination von Körner- und Saftfutter hat sich bewährt.

Eine Mischung aus Körner- und Saftfutter hält Ihre Mäuse gesund.

Die Futtermischung

Die Grundnahrung für Ihre Mäuse ist eine gute Körnerfuttermischung. Sie sollte zum größten Teil aus Sämereien und Getreidesaat wie Weizen, Hirse, Hafer und Gerste bestehen. Es dürfen nur wenige Sonnenblumenkerne und Nüsse enthalten sein, sonst werden Ihre Mäuse zu dick. Mischen Sie ruhig etwas Wellensittichfutter in die Körnerfuttermischung. Es enthält unterschiedliche Hirsesorten, die Mäuse äußerst schmackhaft finden und die gesund für ihre Ernährung sind. Eine selbst hergestellte Körnermischung ist die ideale Lösung. Wenn Sie zu wenig Zeit zur Verfügung haben, um alle Körnersorten einzeln zu kaufen, dann empfehle ich Ihnen eine Mischung aus dem handelsüblichen Mäuse- und Wellensittichfutter im Verhältnis 2:1, dazu geschälte Haferkörner.

Hinweis: Ganze Erbsen und Maiskörner sind auf Grund ihrer Größe eher ungeeignet für die kleinen Nager.

Futter-Pellets

Unter Pellets versteht man in kleine Stäbchen gepresstes Mischfutter. Der Vorteil einer Pelletfütterung besteht darin, dass ein einzelnes Pellet sämtliche Nährstoffe, Mineralien

TIPP

Fütterungstipps

- Für eine Maus sollten Sie etwa einen gehäuften Teelöffel Körnerfutter pro Tag rechnen.
- Achtung Getreidemotten: Bewahren Sie Körnerfutter nur in verschließbaren Gefäßen auf.
- Mäuse brauchen täglich frisches Wasser zum Trinken.
- Orange und Kiwi enthalten Fruchtsäuren, die das empfindliche Verdauungssystem der kleinen Nager durcheinander bringen können. Deshalb nur ab und zu kleine Mengen verfüttern.

Schleckermäulchen: Diese Maus liebt Magerquark. Hin und wieder kleine Mengen davon decken den Eiweiß-Bedarf Ihrer Mäuse.

und wichtigen Vitamine enthält, die eine Maus braucht, um gesund zu bleiben. Viele Mäuse sind nämlich richtige Schleckermäulchen und suchen sich nur die Leckerbissen aus der Grundnahrung heraus. Dies kann zu Mangelerscheinungen führen. Allerdings ist eine ausschließliche Pelletfütterung recht eintönig und wenig natürlich.

Saftfutter bereichert den Speiseplan

Frisches Obst und Gemüse, auch Gräser oder Löwenzahnblätter sollten täglich in kleinen Mengen auf dem Futterplan stehen. Es sorgt nicht nur für Abwechslung im Speiseplan, sondern enthält auch für die Gesundheit der Mäuse überaus wichtige Vitamine, Mineralstoffe und Spurenelemente.

Richtig füttern: Waschen und trocknen Sie Obst und Gemüse ab, bevor Sie es Ihren Mäusen anbieten. Feuchtes Saftfutter verschimmelt schnell und begünstigt Atemwegs- und Verdauungserkrankungen.

Eiweißhaltige Nahrung

Frei lebende Mäuse fressen gelegentlich kleine Insekten und decken damit ihren Eiweißbedarf. Alle 1 bis 2 Wochen benötigen Ihre Mäuse deshalb eine gesunde Proteinkost, zum Beispiel in Form von Mehlwürmern (lebend, erhältlich im Zoofachhandel). Alternativ können Sie aber auch Quark, gekochtes Ei, gegartes Hühnerfleisch (ungewürzt!) oder Trockenfutter für Katzen in geringen Mengen auf den Mäuse-Speiseplan setzen.

Mäuse richtig pflegen

Die beste Vorsorge, um Krankheiten vorzubeugen, sind die regelmäßige Pflege des Mäuse-Heims und der tägliche Gesundheits-Check Ihrer Tiere. Um Unregelmäßigkeiten zu vermeiden, empfehle ich Ihnen, direkt nach Einzug Ihrer neuen Hausgenossen einen festen Pflegeplan zu erstellen. Beispielsweise könnte am Wochenende die wöchentliche Käfigreinigung mit Einstreuwechsel festgelegt werden, damit unter der Woche weniger Arbeit anfällt. Übertragen Sie nötige Pflegetätigkeiten auch Ihren Kindern. So lernen sie schnell den verantwortungsbewussten Umgang mit den neuen Haustieren.

Ganzkörperpflege: Mäuse sind sehr reinlich. Sie putzen sich mehrmals am Tag.

Die Käfighygiene

Für die Reinigung des Mäuse-Heims empfiehlt es sich, einen kleinen Ersatzkäfig anzuschaffen, um die Tiere für die kurze Zeit der Reinigungsarbeiten sicher unterbringen zu können. Diesen Käfig können Sie bei Bedarf auch zur Quarantäne benutzen, falls eines Ihrer Tiere einmal krank werden sollte.

Reinigen des Käfigs: Zum Reinigen der Käfigteile und des Zubehörs kann ein mildes Spülmittel auf einer kleinen Bürste verwendet werden. Eine Badewanne eignet sich gut zum Abbrausen. Hinterher alle Teile gründlich abtrocknen. Übrigens können Sie meiner Erfahrung nach

CHECKLISTE

Pflegeplan

Täglich

- ✔ Futter und Trinkwasser erneuern. Trinkflasche mehrfach mit klarem Wasser durchspülen.
- ✔ Saftfutterreste vom Vortag entfernen.
- ✔ Toilettenecke reinigen.
- ✔ Kurzer Gesundheitscheck aller Tiere.
- ✔ Mindestens eine halbe Stunde mit den Mäusen beschäftigen.

Wöchentlich

- ✔ Die Einstreu je nach Anzahl der Mäuse 1- bis 2-mal erneuern.
- ✔ Futternapf mit heißem Wasser reinigen.
- ✔ Zweige und Nestmaterial eventuell erneuern.

Monatlich

- ✔ Zahnkontrolle.
- ✔ Käfig, Zubehör und Spielzeug reinigen. Anschließend desinfizieren.

Desinfektion

- ✔ Im Fachhandel gibt es eine Vielzahl von geeigneten Desinfektionsmitteln für Nagetierkäfige. Ihr Zoofachhändler berät Sie gern.
- ✔ Wichtig: Für eine wirksame Desinfektion ist weniger die Menge des Präparates entscheidend, sondern vielmehr die Einwirkzeit (mindestens 5 Minuten).

1 Zahnkontrolle

Einmal im Monat sollten Sie die Zähne Ihrer Mäuse kontrollieren. Halten Sie dazu einen Leckerbissen über den Kopf der Maus fest in der Hand. Das Tier versucht nun an das Leckerli zu gelangen, dabei öffnet sich das Mäulchen ganz von selbst. Beurteilen Sie nun die Länge und die Wachstumsrichtung der Zähne.

2 Fellkontrolle

Eine gesunde Maus pflegt ihr Fell regelmäßig mit Hilfe der Zunge und der Vorderpfötchen. Kontrollieren Sie dennoch regelmäßig das Fell Ihrer Tiere auf Krusten, Parasitenbefall oder haarlose Stellen. Streichen Sie dazu mit einem Finger gegen die Fellwuchsrichtung. Auf der Haut dürfen keine Schuppen oder Verkrustungen sein.

auch Zubehör aus Holz unter Wasser reinigen und anschließend desinfizieren (→ Checkliste, Seite 40). Holz braucht nur etwas länger zum Trocknen als andere Materialien.

Hinweis: Zubehör wie Trinkflasche, Futternapf, Ecktoilette usw. sollte immer doppelt vorhanden sein, damit Sie defekte Einzelteile austauschen können und gleichzeitig eine Einrichtung für den Ersatzkäfig vorrätig haben.

Trinkflasche säubern: Die Trinkflasche sollte bei jedem Wasserwechsel mit heißem Wasser, aber ohne Reinigungsmittel ausgespült werden. Überprüfen Sie regelmäßig deren Funktionstüchtigkeit: In Gegenden mit hartem Wasser verkalken die Tränkekugeln schnell.

Der Gesundheits-Check

Einmal täglich empfehle ich Ihnen, die Mäusefamilie einem kurzen Gesundheits-Check zu unterziehen.

- Die Augen sollten klar und glänzend erscheinen. Weiße Schlieren dürfen nach dem Säubern (mit Hilfe eines feuchten weichen Tuches) nicht wiederkehren.
- Im gesamten Nasenbereich sollten sich keine Krusten befinden. Die Nase darf feucht sein, aber keinen weißlichen Ausfluss aufweisen.
- Die Ohren sollten sauber, ohne dunkle Verkrustungen sein und aufrecht stehen.
- Zähne müssen in gerader Position zueinander stehen und die richtige Länge haben.
- Das Fell sollte dicht, trocken und ohne haarlose Stellen oder Schuppen sein.
- Im Afterbereich darf das Fell nicht verklebt sein, sonst könnte die Maus an Durchfall leiden.

So bleiben Mäuse gesund

Mäuse, die gut gepflegt werden, eine gesunde Ernährung erhalten und unter optimalen Haltungsbedingungen leben, werden nur selten krank. Beachten Sie diese Vorsichtsmaßnahmen zur Gesunderhaltung Ihrer Mäuse:

Putzmunter: Gesunde Tiere sind stets neugierig und aufgeschlossen.

➤ Die Einstreu im Käfig muss stets trocken sein. Käfighygiene ist eine der wichtigsten Voraussetzungen für die Gesundheit Ihrer Mäuse (→ Seite 40).

➤ Fett- und zuckerhaltige Leckerbissen sollten eine seltene Belohnung bleiben. Sie haben einen hohen Kaloriengehalt und können zu Fettleibigkeit führen.

➤ Bewegung ist für die quirligen Mäuse unentbehrlich. Regelmäßiger Auslauf im Zimmer und ein Laufrad im Käfig halten die kleinen Nager in Form.

➤ Abwechslungsreiche Beschäftigungsmöglichkeiten fördern die Intelligenz Ihrer kleinen Nager und halten sie bis ins hohe Alter geistig fit (→ ab Seite 52).

➤ Harmonie im Mäuse-Heim vermeidet Stress und trägt damit maßgeblich zur Gesundheit bei.

➤ Eine Maus, die einzeln gehalten wird, ist wesentlich anfälliger für Krankheiten und Verhaltensstörungen. Deshalb immer eine Gruppe der kleinen Nager zusammen halten.

➤ Ein zugfreier und wohl temperierter (18 bis 24 °C) Standort des Käfigs bestimmt das Wohlbefinden im Mäuse-Heim (→ Seite 15).

Keine Zeit verlieren

Wenn trotz aller Vorsichtsmaßnahmen dennoch einmal eine oder gleich mehrere Ihrer Mäuse erkranken, empfehle ich Ihnen, so schnell wie möglich einen Tierarzt aufzusuchen. Verlieren Sie keine Zeit mit eigenen Therapieversuchen. Warten Sie mit dem Tierarztbesuch nicht länger als 24 Stunden! Wenn Mäuse Krankheitssymptome zeigen, dann sind sie meist schon ernsthaft erkrankt.
Leider passiert es immer wieder, dass Tierbesitzer zu lange mit dem Gang zum Tierarzt warten und dann mit einem Tier in die Sprechstunde kommen, dessen Leben auch der Tierarzt nicht mehr retten kann.
Die Tabelle auf Seite 43 mit der Beschreibung der häufigsten Krankheiten von Mäusen soll Ihnen in erster Linie helfen, die Symptome und Krankheiten zu erkennen, ohne dass Sie selbst Diagnosen stellen oder etwa Ihre kranke Maus behandeln müssen.

Häufige Erkrankungen auf einen Blick

Symptome	Mögliche Erkrankung
Tränende, verklebte Augen mit weißen Schlieren; die Maus reibt sich häufig mit den Pfötchen über die Augen.	**Entzündete Augen** Fremdkörper im Auge Allergie Verletzung
Knisterndes Geräusch beim Atmen, Niesen; Nasenausfluss; Maus bekommt schlecht Luft; manchmal pumpende Atmung; oft zusätzlich entzündete Augen, Koordinationsprobleme, nasse Vorderpfötchen.	Erkrankungen der Atemwege: **Erkältung,** Bronchitis, Lungenentzündung Herzschwäche **Mykoplasmose**
Gleichgewichtsstörungen, Torkeln, Lähmungen; Maus verhält sich auffällig ruhig, versteckt sich und hat Schmerzen.	Mittelohrentzündung Verletzungen Angeborene Missbildung Virusinfektion **Mykoplasmose**
Verklebter After, breiig-schaumiger Kot (manchmal mit Blutspuren), Juckreiz am After, verkrampfte Körperhaltung, staksiger Gang.	**Durchfall** Vergiftung Wurmbefall
Schneidezähne wachsen schief und nutzen sich nicht von selbst ab; Maus nimmt ab und hat Probleme beim Fressen; Verletzungen am Zahnfleisch.	angeborene **Zahnfehlstellung** zu wenig Nagemöglichkeiten
Knoten unter der Haut sicht- und tastbar, manchmal mit schnellem Wachstum.	Abszess nach Verletzung **Tumor** Fettkapsel verstopfte Talgdrüse
Krusten auf der Haut (mit oder ohne Juckreiz), bräunlicher Schorf im Fell, gerötete Haut, haarlose Stellen.	**Parasiten:** Milben, Flöhe, Läuse Pilz Nährstoffmangel Verletzung
Zwangsbewegungen, Krämpfe, Tod eines ganzen Wurfes nach der Geburt, Zwergwuchs, Jungtiere mit Knack- und Pfeifgeräusch beim Atmen.	Angeborene Missbildungen durch zu häufige Inzucht Kreuzung falsch ausgesuchter Elterntiere (Letalfaktor!) Hirnhautentzündung durch Virusinfektion **Tumor**

Hinweis: Die **halbfett** gedruckten Erkrankungen werden auf den folgenden Seiten ausführlicher besprochen.

Krankheiten, die Sie kennen sollten

Durchfall

Entstehung: Meist bakterielle Infektion durch unsauberes oder fauliges Frischfutter. Auch bei Futterumstellung erkranken Jungtiere häufig an Durchfall.
Behandlung: Saftfutter für einen Tag entziehen. Wenn der Durchfall länger als 24 Stunden anhält, unbedingt einen Tierarzt konsultieren.
Hilfe: Mehrmals täglich Afterregion mit einem angefeuchteten Tuch säubern, damit die Afteröffnung nicht verklebt.

Kletterpartie: Viel Bewegung hält Mäuse geistig und körperlich fit.

Erkältung

Entstehung: Infektion durch Viren oder Bakterien (meistens beiden zugleich). Häufig ausgelöst durch falsche Haltungsbedingungen oder Stress.
Behandlung: Sofort zum Tierarzt! Erkältungen sind bei Nagetieren immer ernst zu nehmende Erkrankungen.
Hilfe: Erkranktes Tier in den Ersatzkäfig ausquartieren, um Ansteckung der gesunden Tiere zu vermeiden. Vorsichtig Augen und die Nase der Maus mit einem Wattestäbchen säubern und Verklebungen lösen. Wärme, Rotlicht und Inhalation nach Anweisung des Tierarztes unterstützen die Therapie (→ Seite 46).

Mykoplasmose

Entstehung: Häufig infizieren sich die Mäuse bereits bei der Mutter. Auch eine Ansteckung durch »Aerosole« (feine Tröpfchen in ausgeatmeter Luft) erkrankter Tiere oder damit verseuchter Gegenstände ist möglich.
Behandlung: Die Mykoplasmose selbst ist nicht heilbar. Die Symptome können jedoch durch eine Therapie des Tierarztes beseitigt oder gelindert werden.
Hilfe: Zur Inhalation einen Klecks »Tigerbalm« (aus der Apotheke) auf ein Taschentuch geben und für 2 bis 3 Tage neben den Käfig hängen.

Äußere Parasiten

Entstehung: Zu den äußeren Parasiten, auch Ektoparasiten genannt, gehören Milben, Läuse und Flöhe. Eine Ansteckung erfolgt meist durch andere Tiere, mangelnde Käfigreinigung oder verunreinigtes Heu.
Behandlung: Durch den Tierarzt.
Vorbeugung: Optimale Käfighygiene einhalten; Käfigzubehör aus Garten oder Wald gründlich reinigen.

Innere Parasiten

Entstehung: Zu den inneren Parasiten, auch Endoparasiten genannt, gehören Würmer

Obst und Gemüse vor dem Verfüttern gründlich reinigen, um Krankheiten des Magen-Darm-Bereichs zu vermeiden.

und Einzeller. Die Aufnahme von Wurmeiern erfolgt meist durch Futter, Kot kranker Tiere oder beim Nagen an verunreinigten Gegenständen.
Behandlung: Kotuntersuchung und Therapie durch einen Tierarzt.
Vorbeugung: Keinen Kontakt zu Wildmäusen zulassen; auf Käfighygiene achten.

Zahnfehlstellungen

Entstehung: Durch fehlendes Nagematerial oder vererbte Zahnfehlstellungen wachsen die Schneidezähne bogenförmig nach außen oder innen in die Mundhöhle.
Behandlung: Zähne durch den Tierarzt kürzen lassen.
Vorbeugung: Den Mäusen mehr Nagemöglichkeiten bieten, häufige Zahnkontrollen durchführen.

Tumor

Entstehung: Ab einem Alter von etwa einem Jahr steigt bei Mäusen die Wahrscheinlichkeit, an einem Tumor zu erkranken. Häufig sind davon die Milchdrüsen betroffen.
Behandlung: Je nach Lokalisation kann der Tierarzt den Tumor operieren; manchmal erfolgt aber eine Metastasenbildung an anderer Stelle.

CHECKLISTE

Besuch beim Tierarzt

Auf diese Fragen des Tierarztes sollten Sie vorbereitet sein:

- ✔ Seit wann ist die Maus krank?
- ✔ Wie und wann zeigen sich die Krankheitssymptome?
- ✔ Hatte die Maus schon einmal eine ähnliche Erkrankung?
- ✔ Sind noch mehr Mäuse in der Gruppe betroffen?
- ✔ Gab es in den letzten Wochen Veränderungen in der Haltung? Denken Sie zum Beispiel an eine Futterumstellung, eine andere Einstreu oder ein neues Reinigungsmittel.

Die Pflege der kranken Maus

Beim Erkennen der ersten Krankheitsanzeichen sollten Sie den kleinen Patienten unbedingt von seinen Artgenossen trennen und in einen Ersatzkäfig setzen. So vermeiden Sie eine Ansteckung der noch gesunden Tiere innerhalb der Gruppe. Dann vereinbaren

Eine einzeln gehaltene Maus ist wesentlich krankheitsanfälliger.

Sie möglichst schnell einen Termin bei Ihrem Tierarzt. Hier einige persönliche Tipps zur Pflege einer kranken Maus, die sich bewährt haben:

Gewohnter Geruch: Damit sich die kleine Maus nicht »bestraft« fühlt, weil sie aus der Gruppe gerissen wurde, geben Sie ihr unbedingt eine Handvoll Streu aus dem gewohnten Mäuse-Heim in den Zweitkäfig. So fühlt sie sich gleich ein wenig heimischer.

Sicherer Transport: Auf dem Weg zur Praxis des Tierarztes sollte, insbesondere in den Wintermonaten, ein Handtuch über die Transportbox gelegt werden. Damit halten Sie kalte Zugluft fern und das Tier wird schön warm gehalten.

Medikamenteneingabe: Ihr Tierarzt wird Ihnen eventuell ein Medikament in Form eines Saftes oder einer Paste mitgeben. Beides können Sie gut mit einer Einwegspritze (ohne Nadel!) oder einer Pipette in die Mundspalte direkt hinter den Schneidezähnen eingeben. Dabei sollte Ihnen jemand helfen, die Maus, eingewickelt in ein Handtuch, festzuhalten.

Wärmelampe: Manchmal empfiehlt Ihnen der Tierarzt die Bestrahlung des Patienten mit einer Rotlichtlampe. Vor allem zur Unterstützung einer Erkältungstherapie ist das oft sinnvoll. Achten Sie darauf, dass nur eine Ecke des Käfigs von der Lampe angeleuchtet wird. Dann kann das

TIPP

Allgemeine Krankheitsanzeichen

- Beim Laufen macht die Maus einen »Katzenbuckel«.
- Das Fell wirkt struppig und ungepflegt.
- Die Augen sind verklebt oder gerötet, die Lider wund.
- Die Nase ist feucht, wund und verschorft.
- Die Maus hält den Kopf schief, kratzt sich häufig an den Ohren und schüttelt den Kopf.
- Unter der Haut sind sicht- und tastbare Erhebungen zu erkennen.

Tier selbst entscheiden, ob es Wärme haben möchte oder ein kühlere Ecke bevorzugt.
Inhalation: Zur Erleichterung der Atmung bei Erkältungskrankheiten hat es sich bewährt, ein Taschentuch mit mentholfreiem Inhalat (nicht mehr als 2 bis 3 Tropfen) für einige Stunden mehrmals täglich neben den Käfig zu hängen.

Die alte Maus

Das Durchschnittsalter von Mäusen beträgt etwa 2 bis 3 Jahre und erscheint uns auf den ersten Blick vielleicht etwas kurz, jedoch leben Mäuse mit einem ganz anderen Zeitgefühl als wir. Sie durchlaufen die Stationen ihres Lebens wie Kindheit, Jugend, Erwachsensein und Alter in einer sehr viel schnelleren Abfolge, ohne selbst das Gefühl zu haben, »kurz zu leben«.
Ab einem Alter von etwa 15 Monaten zeigen deshalb viele Mäuse schon erste Alterserscheinungen. Ihr Fell wirkt stumpf und dünn. Die Tiere haben ein größeres Schlafbedürfnis und sind nicht mehr so aktiv wie früher. Manche Mäuse magern trotz normaler Nahrungsaufnahme stetig ab.

Dank ihrer sensiblen Wahrnehmung spüren die kleinen Nager sofort, wenn es einem Spielgefährten schlecht geht.

Gönnen Sie Ihren Hausgenossen einen ruhigen Lebensabend, und verwöhnen Sie sie mit Leckerbissen und ausgiebigen Streicheleinheiten.

Wenn der Abschied kommt

Es ist immer schwer, sich von einem Tier zu trennen, welches man einen Großteil seines für uns kurzen Tierlebens begleitet und geliebt hat.
Eines Tages jedoch wird der Abschied kommen, sei es nun durch Einschläfern nach einem Beratungsgespräch mit Ihrem Tierarzt oder friedlich zu Hause im Käfig. Sie dürfen ruhig auch »nur« um eine Maus trauern. Schätzen Sie aber auch die vielen schönen Momente und die Bereicherung, die Ihnen das Zusammenleben mit Ihrem Hausgenossen gebracht hat.
Für ein Kind ist es oft eine schwierige, aber wichtige Erfahrung, sich mit dem Verlust eines geliebten Lebewesens auseinander zu setzen. Helfen Sie ihm, indem Sie es in seinem Schmerz ernst nehmen. Sorgen Sie zum Beispiel dafür, dass das Kind seine Maus bestatten darf, sei es nun im Garten oder in der freien Natur. Dass es seinem Tier auch noch zum Schluss etwas Gutes tun konnte, tröstet ein Kind oft ungemein über seinen Schmerz hinweg.

Fragen rund um Gesundheitsvorsorge und Ernährung

? Seit zwei Monaten halte ich eine dreiköpfige Mäusefamilie. Inzwischen sind die Mäuschen so zahm geworden, dass ich gestern ihre erste Zahnkontrolle vornehmen konnte. Dabei fiel mir auf, dass die oberen Schneidezähne aller Mäuse eine gelb-braune Farbe besitzen. Ist das normal?
Ja. Der gelb-braune Belag auf den Schneidezähnen einer Maus entsteht durch eine enzymatische Reaktion von Stoffen aus dem Futter mit dem Speichel der Mäuse und erscheint nur auf der Oberfläche der Schneidezähne. Dieser Belag ist ein Zeichen für gesunde Mäusezähnchen. Viel schlimmer wäre es, wenn Ihre Pfleglinge weiße Zähne hätten. Das könnte nämlich auf einen Ernährungsmangel hinweisen.

? Vor wenigen Tagen ist eine meiner beiden Mäuse im Alter von einem Jahr gestorben. Seitdem habe ich das Gefühl, dass meine übrig gebliebene Maus viel ruhiger geworden ist. Muss ich mir um sie auch noch Sorgen machen?
Da Mäuse von Natur aus sehr soziale Tiere sind, die stets die Nähe und den Kontakt zu Artgenossen suchen, vermute ich, dass Ihre Maus sich durch den Verlust des Partners sehr einsam fühlt und trauert. Sie sollten der Kleinen unbedingt einen neuen Artgenossen dazugesellen (→ Seite 24). Wenn das Verhalten Ihrer Maus sich danach nicht ändert, rate ich Ihnen unbedingt dazu, einen Tierarzt aufzusuchen. Möglicherweise hatte die verstorbene Maus eine Krankheit, welche sie auf ihre Spielgefährtin übertragen haben könnte.

? Meine Freundin, die selbst Mäuse hält, ist der Meinung, dass meine Farbmäuse unbedingt sowohl einen Nagerstein als auch einen Salzleckstein im Käfig benötigen. Stimmt das?
Ein Nagerstein enthält Mineralstoffe, die Ihre Mäuse sowohl für einen gesunden

Penible Fußpflege: Jede einzelne Mäuse-Zehe wird gründlichst gereinigt.

Knochenbau als auch für das korrekte Nachwachsen ihrer Zähne benötigen. Bieten Sie Ihren kleinen Nagern ruhig einen solchen Stein zum Knabbern im Käfig an. Einen Salzleckstein halte ich persönlich bei gesunder abwechslungsreicher Ernährung jedoch nicht für notwendig.

? »Mit Speck (und Käse) fängt man Mäuse«. Darf ich meine Mäuse mit solchen Leckereien füttern?
Sowohl Käse als auch Speck sind »Dickmacher« und somit ungesund für Ihre Mäuse. Ich rate Ihnen dazu, mäusegerechte Leckerlis aus dem Zoofachhandel wie beispielsweise Sonnenblumenkerne oder Rosinen als gelegentliche Belohnung zu verwenden.

? Brauchen meine Mäuse regelmäßig zusätzliche Vitamintropfen im Trinkwasser?
Nein. Wenn Ihre Mäuse frisches Körnerfutter und ausreichend Saftfutter erhalten, ist ein Vitaminmangel in der Regel ausgeschlossen. Nur einer säugenden oder kranken Maus gebe ich geringe Mengen Vitamintropfen zum Trinkwasser (Beipackzettel beachten!). Eine Überdosierung von Vitaminen ist oft schädlicher als der Vitaminmangel, den eine Maus haben könnte. Vorsicht: Manche Mäuse verweigern die Wasseraufnahme wegen der Geschmacksveränderung durch die Vitaminlösung. Dann sofort Wasser auswechseln.

? Meine Mäuse sind nun schon fast zwei Jahre alt. Sollte ich die Kleinen auf Seniorenkost setzen?
Nein. Sie können das gewohnte Futter in der üblichen Menge weiter verfüttern. Ich verwöhne meine Ältesten gelegentlich mit einer Extraportion in Form einer Erdnuss oder eines Sonnenblumenkerns.

? Ich beobachte meine Mäuse regelmäßig dabei, wie sie ihren eigenen Kot fressen. Ist das nicht ungesund?
Nein, keineswegs. Es handelt sich bei dieser Verhaltensweise um die Aufnahme des so genannten Blinddarmkots. Dieser enthält wichtige Vitamine und Eiweiße, die von Bakterien im Darm der Maus gebildet werden.

MEINE TIPPS FÜR SIE

Alexandra Roth

Gesundheitsvorsorge für Mäuse

- Ein Hundekauknochen aus Rinderhaut im Miniformat bietet gesunden Knabberspaß.
- Eine Erkältung kann vom Menschen auch auf eine Maus übertragen werden (umgekehrt nur sehr selten). Achten Sie auf einen besonders hygienischen Umgang mit Ihren Mäusen, wenn Sie krank sind.
- Eine ausreichende Menge frischen Heus ist wichtig für den Nestbau und regt die Darmtätigkeit Ihrer kleinen Nager an.
- Eine halbjährige Kur mit »Echinacea« stärkt das Immunsystem gesunder Mäuse. Fragen Sie Ihren Tierarzt, was dabei zu beachten ist.
- Ein gepflegter und sauberer Käfig ist eine der wichtigsten Grundvoraussetzungen für eine gesunde Tierhaltung.

Beschäftigungs-Programm

Abwechslung tut gut

Mäuse brauchen viel Bewegung und Beschäftigung. In der Gruppe mit Artgenossen wird es selten langweilig. Da gibt es wilde Verfolgungsjagden, man putzt sich gegenseitig oder stupst sich mit dem Schnäuzchen an, wenn man Kontakt sucht. Auch Menschen werden übrigens von Mäusen gern als Spielpartner akzeptiert. Aber Mäuse sind auch neugierig. Stets suchen sie, Näschen voran, nach einem Abenteuer in der kleinen Mäusewelt. Bieten Sie Ihren kleinen Nagern Anregungen für Körper und Sinne. Übrigens spielen meiner Erfahrung nach Mäuse am liebsten in den frühen Abendstunden. Jetzt sind sie in Tageshöchstform.

Ein Leckerbissen in der Höhe: Hier ist Stretching angesagt.

Das regt Körper und Sinne an

Abenteuerkiste: In solch einer Kiste können sich Ihre Mäuse so richtig austoben. Zum Bau der Abenteuerkiste benötigen Sie einen etwa 60 x 50 x 40 cm großen Karton, den Sie mit der offenen Seite nach oben neben den Käfig stellen. Der Karton wird nun mit Pappröhren, Leitern, Ästen, Seilen, Spielzeugen aus dem Zoofachhandel usw. eingerichtet. Ein »Berg« zerrupften Küchenpapiers oder frischen Heus bietet Wühlspaß und neues Nistmaterial zugleich. Ein kleiner Unterschlupf, zum Beispiel in Form eines angebrochenen Blumentopfes, sollte ebenfalls in der Spielkiste vorhanden sein. Die Entfernung von der offenen Käfigtür bis zum Spielplatz wird mit einem gespannten, mindestens 0,5 cm dicken, Seil oder einer Röhre überbrückt. Selbst längere Strecken überwinden die quirligen Nager, ohne dabei herunterzufallen. Meist sind Mäuse eine Weile auf diesem Spielplatz beschäftigt, bis sie eine Ruhepause einlegen.

Kletterbaum: Zum Bau nehmen Sie einen stabilen verzweigten Ast, den Sie mit Hilfe von Sand oder Kies in einem Blumentopf fixieren können. An den Zweigen werden nun verschiedene Leckerbissen befestigt. Ziehen Sie zum Beispiel ein oder zwei Sonnenblumenkerne oder eine Rosine auf naturfarbenes Garn auf. Auch Leckereien aus dem Zoofachhandel können Sie mit Hilfe einer Kordel anbringen. Dann ist Mäuse-Stretching angesagt. Sie werden staunen, wie lang eine Maus sich strecken kann, um einen Leckerbissen zu erreichen.

Gedächtnistraining

Mäuse sind äußerst geschickte Kletterer, die zudem noch ein kluges Köpfchen besitzen. Fördern Sie die Intelligenz Ihrer kleinen Nager.

Hindernisparcours: Stellen Sie hierzu verschiedenartige Spielzeuge in einer Reihe auf ein erhöhtes schmales Brett hintereinander auf. Die Maus wird an den Start gesetzt und zum Durchlaufen des Parcours mit Hilfe eines Leckerlis gelockt. Als Belohnung erhält sie diesen erst nach Überwindung der ersten Hürde.

Mäuse stellen gern ihre Geschicklichkeit unter Beweis wie hier auf der kleinen Leiter aus Holz.

Tolles Spielzeug selbst gebaut

Spielzeug	Bauanleitung	Spielspaß
Kokosnuss	In eine ausgehöhlte Kokusnuss ein Türloch schneiden und den ausgeschnittenen Deckel als erhöhtes Dach mit mehreren Zahnstochern befestigen.	Zweitwohnsitz mit Dachlüftung zum Klettern.
Sockenschaukel	Alten Socken oder Kniestrumpf am offenen Ende halb umkrempeln und an zwei Seiten mit Kordel an der Käfigdecke aufhängen.	Tolle Klettermöglichkeit mit Balancetraining für die ganze Mäusefamilie.
Knabber-Rolle	Futter in Papprolle füllen und von beiden Seiten mit einem dicken Bündel Heu verschließen.	Eine Maus »mit Köpfchen« findet bestimmt einen Weg zum Futter.
Hängematte	Stofftaschentuch oder kleines Handtuch an allen vier Ecken verknoten und wie eine Hängematte mit Kordel am Käfiggitter befestigen.	Diese wackelige Angelegenheit lädt zum Schaukeln und Kuscheln ein.
Seil	Ein Stück dickes Tau waagerecht im Käfig befestigen.	Gleichgewichtssinn trainieren

Nun wird die Maus an den Start zurückgesetzt und erneut laufen gelassen, dieses Mal muss sie aber schon zwei Spielzeuge überwinden, bis sie den Leckerbissen bekommt. Nach und nach wird sie lernen, die gesamte Strecke mit allen Spielzeugen erfolgreich zurückzulegen. Geeignete Hindernisse sind beispielsweise eine Holzwippe, eine kleine Brücke, Pappröhren

Unterschiedliche Spielzeuge sorgen für reichlich Abwechslung.

oder Grasnester mit verschiedenen Öffnungen.
Sie werden erstaunt sein, wie unterschiedlich die Geschicklichkeit und die Intelligenz in der Mäusegruppe ausgeprägt ist. Messen Sie die jeweils benötigte Zeit pro Maus für die gesamte Strecke, und finden Sie heraus, welche Maus aus der Gruppe die pfiffigste ist.

Auslauf in der Wohnung

»Bewegung hält gesund«. Diese Faustregel gilt auch für Mäuse. Um Fettleibigkeit und Verhaltensanomalien Ihrer Tiere entgegenzuwirken, sollten Sie ihnen wenigstens einmal pro Woche freien Auslauf gönnen. Das kann auch ruhig nur mal ein Spaziergang auf einem großen Tisch sein. Keine Sorge, die Tiere stürzen nicht ab. Lassen Sie Ihre kleinen Nager aber niemals in der gesamten Wohnung frei laufen. Ein mäusesicheres Zimmer reicht aus (→ Checkliste, Seite 16). Die gesamte unbekannte Wohnung würde Ihre Mäuse nur unnötig verwirren und Unfälle begünstigen.
Um Stress bei den Tieren zu vermeiden, sollten während des Auslaufs möglichst wenige Personen im Zimmer sein. Verzichten Sie währenddessen zum Beispiel auch auf laute Musik.
Hinweis: Im Zoofachhandel gibt es zusammenklappbare Freilaufgehege, die sich ideal dazu eignen, nur einen Teil des Zimmers zu einer Freilaufarena umzufunktionieren. Das hat den Vorteil, dass Sie das Zimmer nicht komplett mäusesicher umgestalten müssen und die kleinen Racker für kurze Zeit auch unbeaufsichtigt auf Wanderschaft gehen lassen können.

TIPP

Freilauf im Zimmer ohne Gefahr

- Setzen Sie alle Personen im Haushalt davon in Kenntnis, dass die Mäuse gerade Freilauf im Zimmer haben.
- Sichern Sie Steckdosen in Bodennähe mit einer Kindersicherung.
- Giftige Zimmerpflanzen und mit Wasser gefüllte Blumenvasen außer Reichweite der Mäuse bringen.
- Mäuse verkriechen sich gern unter Schränke oder das Sofa. Verschließen Sie die Schlupflöcher zum Beispiel mit alten Handtüchern.

Seiltanz in der Gruppe: Das macht Spaß. Selbst auf wackeligen Seilen verlieren Mäuse ihre Balance nur selten. Mäuse haben einen hervorragenden Gleichgewichtssinn.

Ferien – was nun?

Vor Ihrem Urlaub sollten Sie sich rechtzeitig um einen Pflegeplatz für Ihre Mäusefamilie kümmern.

Verwandte und Freunde: Meist findet sich im Verwandten- oder Freundeskreis jemand, der die pflegeleichten Nager gern für eine Weile in seine Obhut nimmt. Wichtig ist, dass Sie den Pfleger richtig einweisen. Am besten geben Sie Ihrer Urlaubsvertretung auch diesen Ratgeber, mit ausgefülltem Steckbrief (→ Seite 62), an die Hand.

Tierschutzverein und Tierarzt: Wenn Sie in Ihrem privaten Umfeld keine geeignete Urlaubsvertretung finden, fragen Sie doch einmal im örtlichen Tierschutzverein oder bei Ihrem Tierarzt nach. Dort werden häufig private Pflegestellen vermittelt. Vielleicht begegnet Ihnen dort auch ein anderer Mäusehalter, der umgekehrt froh wäre, wenn Sie seine Mäusegesellschaft während seiner Urlaubszeit betreuen könnten.

Zoofachhändler: Inzwischen nehmen auch einige Zoofachhändler gegen Gebühr Heimtiere in der Urlaubszeit in Pflege.

Mäuse mitnehmen: Falls Ihr Reiseziel nicht allzu weit entfernt liegt, können Sie Ihre Pfleglinge auch mitnehmen. Für die Urlaubszeit empfiehlt sich ein kleiner Käfig, der sich gut transportieren lässt. Die engere Behausung schadet Ihren Mäusen für die meist kurze Urlaubszeit nicht. Decken Sie den Käfig während der Fahrt mit einem Handtuch ab, damit die Tiere keine Zugluft abbekommen.

Fragen rund um Auslauf und Spielen

? Ich möchte meine Mäusefamilie mit in den Urlaub nehmen. Worauf sollte ich achten?
Die gesamte Fahrt mit Ihren Mäusen sollte 8 Stunden nicht überschreiten. Von einem mehrstündigen Transport bei heißen Temperaturen im Hochsommer und im nicht klimatisierten Auto rate ich Ihnen unbedingt ab. Mäuse sind sehr hitzeempfindlich. Grundsätzlich sollten Sie Mäuse immer in einem handelsüblichen Käfig transportieren und keinesfalls in Schachteln, Dosen etc. Trinkflaschen müssen vor dem Transport entleert werden, da sie schnell auslaufen. Ein saftiges Stück Obst dient für die wenigen Stunden der Reise als Flüssigkeitsreservoir. Vergewissern Sie sich, dass Tierhaltung in Ihrem Urlaubsdomizil erlaubt ist und welche besonderen Einreisebedingungen für Ihre Tiere im jeweiligen Urlaubsland gelten.

? Gestern ist mir aus Versehen bei der Käfigreinigung eine meiner Mäuse entwischt. Es hat ewig gedauert, bis ich sie wieder einfangen konnte. Die Arme ist jetzt total verschreckt und mir gegenüber sehr scheu. Was hätte ich anders machen können?
Es gibt eine ganz gute Methode, um entwischte Mäuschen zu überlisten. Unterteilen Sie das Zimmer, in dem die Maus sich versteckt hält, für mehrere Stunden mit unüberwindbaren Gegenständen (zum Beispiel alten Regalbrettern) in vier Bereiche. In jede Abteilung legen Sie abgezählte Leckerbissen. Verlassen Sie nun den Raum, und kontrollieren Sie anschließend alle halbe Stunde, ob Sie den Aufenthaltsort Ihrer Maus schon lokalisieren können. Legen Sie nun eine Papiertüte (beispielsweise Einkaufstüte) oder eine längere Papprolle mit weiteren Leckerbissen in die entsprechende Abteilung, und warten Sie geduldig, bis die Maus in der Tüte verschwunden ist. Greifen Sie dann schnell zu,

Nach einer Runde Spiel hat sich diese Maus eine Belohnung verdient.

und bringen Sie die Kleine sicher in den Käfig zurück. Viel Glück!

? Ich bin tagsüber berufstätig. Deshalb kann ich mich erst abends mit meinen Farbmäusen beschäftigen. Schadet das den kleinen Nagern?

Nein. Da Mäuse von Natur aus ihre größte Aktivität in der Dämmerungsphase zeigen, werden Ihre Schützlinge damit gar kein Problem haben.

? Bei uns ist vor zwei Wochen ein Mäusepärchen eingezogen. Sowohl meine Tochter (7) als auch mein Sohn (10) sind ganz vernarrt in die zwei gescheckten Mäuschen. Jetzt möchte ich gern wissen, ob meine Kinder die Mäuse bedenkenlos auch ohne mich aus dem Käfig herausnehmen und mit ihnen spielen dürfen.

Gerade im Grundschulalter variiert sowohl das Verantwortungsbewusstsein gegenüber Tieren als auch die individuelle Reife von Kind zu Kind sehr stark. Wichtig ist, dass Ihre Kinder sich darüber im Klaren sind, dass ihre Haustiere Lebewesen sind, die genauso Schmerz empfinden können wie Menschen, und zusätzlich auf Grund ihrer geringen Größe und Zierlichkeit einen besonders vorsichtigen Umgang erfordern.
Sie kennen Ihre Kinder am besten. Erklären Sie ihnen zunächst beim gemeinsamen Spiel mit den Mäusen, worauf sie achten sollten und was das jeweilige Verhalten der Mäuse bedeutet. Fragen Sie die beiden spielerisch ab, wie sie in einer bestimmten Situation reagieren würden. Danach spricht eigentlich nichts gegen das gemeinsame Spielen ohne Ihre Aufsicht.

? Ich habe den Eindruck, dass eines meiner Mäuse-Böckchen besonders intelligent ist, da es schneller neue Aufgaben zu lösen scheint als sein Partner. Ist das möglich?

Das haben Sie gut beobachtet. Auch bei Farbmäusen variiert die Intelligenz von Tier zu Tier. Viele Mäuse-Halter sind sogar der Ansicht, dass die Mäuse-Männchen schlauer sind als die Weibchen, was ich allerdings in meiner Gruppe noch nicht bestätigt finden konnte.

MEINE TIPPS FÜR SIE

Alexandra Roth

Spielen ohne Gefahr

- Selbst gebaute Spielzeuge müssen aus mäusefreundlichen Materialien wie zum Beispiel Papier, Pappe, Holz, Metall oder Keramik bestehen.
- Mäuse brauchen nach 20 Minuten intensiver Spielzeit in der Regel eine Verschnaufpause.
- Denken Sie daran, dass auch während des Freilaufs im Zimmer das Häuschen immer als Rückzugsmöglichkeit zur Verfügung stehen sollte.
- Beim Spielen im Zimmer sollte immer die Vertrauensperson der Mäusefamilie anwesend sein. Das vermittelt den Tieren ein Gefühl der Sicherheit.
- Vor dem Freilauf im Zimmer muss sichergestellt werden, dass sich weder Hund noch Katze im selben Raum befinden und dass alle eventuellen Gefahrenquellen ausgeschaltet sind.

Halbfett gesetzte Seitenzahlen verweisen auf Abbildungen, U = Umschlageseite.

Adressen

Verbände/Vereine

- Bundesarbeitsgruppe Kleinsäuger e.V., Geschäftsstelle: Schulzoo Leipzig e.V., Binzer Str. 14, D-04207 Leipzig, www.schulzoo.de
Nur Fragen zur Haltung möglich.
- Rassezuchtverband Österreichischer Kleintierzüchter (RÖK), Geschäftsstelle: Mollgasse 11, A-1180 Wien, www.kleintierzucht-roek.at
- Gesellschaft für Ganzheitliche Tiermedizin e.V. (GGTM), www.ggtm.de
Hier erhalten Sie Adressen von Tierarztpraxen, die mit Naturheilverfahren arbeiten.
- Tierärztliche Vereinigung für Tierschutz e.V. (TVT), Geschäftsstelle: Bramscher Allee 5, D-4965 Bramsche, www.tierschutz-tvt.de
- Deutscher Tierschutzbund e. V., Baumschulallee 15, D-53115 Bonn, www.tierschutzbund.de

AN UNSERE LESER

- Treten bei Ihren Mäusen Krankheitsanzeichen auf, konsultieren Sie einen Tierarzt.
- Menschen mit einer Tierhaar-Allergie sollten vor Anschaffung einer Maus unbedingt den Arzt befragen.
- Wenige Krankheiten sind auf den Menschen übertragbar. Gehen Sie bei Ansteckungsverdacht zum Arzt. Das gilt besonders, wenn Sie von einem Tier gebissen wurden.

Mäuse im Internet

Viel Wissenswertes rund um Farbmäuse, deren Haltung, Gesundheit und Zucht sowie Buchtipps, Diskussionsforen und Vermittlungsstellen finden Sie auf folgenden Internetseiten:

- www.heimtiere-online.de
- www.maeuseasyl.de
- www.mausopolis.de
- www.mauspara.de
- www.mausmania.de
- www.tierfreund.de

Informationen über giftige Pflanzen erhalten Sie unter:

- www.vetpharm.unizh.ch/perldocs/toxsyqry.htm

Fragen zur Haltung beantworten

Ihr Zoofachhändler und der Zentralverband Zoologischer Fachbetriebe Deutschlands e.V., (ZZF), Tel. 06103/910732 (nur telefonische Auskunft möglich: Mo 12-16 Uhr, Do 8-12 Uhr), www.zzf.de

Bücher

- Schmidt, G.: Hamster, Meerschweinchen, Mäuse und andere Nagetiere. Ulmer Verlag, Stuttgart
- Rauth-Widmann, B.: Ratten, Mäuse und Rennmäuse als Heimtiere. Verlagshaus Oertel + Spörer, Reutlingen
- Verhoef-Verhallen, E. J. J.: Kaninchen & Nagetiere, Enzyklopädie. Naumann & Göbel, Köln
- Baumgart, L. / Hand, M.: Bach-Blüten für Tiere. Oertel + Spörer Verlag, Reutlingen
- Ludwig, C.: Kinder brauchen Tiere. VGS Verlagsgesellschaft, Köln

Zeitschriften

- Ein Herz für Tiere. Gong Verlag, Ismaning
- Rodentia. Natur und Tier Verlag, Münster

Die Autorin

Alexandra Roth ist praktische Tierärztin und beschäftigt sich seit frühester Kindheit intensiv mit Kleintieren. Neben ihren beiden Katzen zählen vor allem die Nager zu ihren Lieblingstieren. Sie arbeitet als Assistenzärztin in einer Kleintierpraxis. Neben Fachartikeln über Nagetiere hat sie auch den GU-Ratgeber »Degus- gesellig und topfit« verfasst.

Der Fotograf

Oliver Giel hat sich erfolgreich auf Natur- und Tierfotografie spezialisiert. Seine Bilder werden in vielen Zeitschriften und Tierratgebern veröffentlicht.
H. Bielfeld: Seite 11 o.re.
Autorenfoto: N. De Leuw

Impressum

Redaktion: Sibylle Kolb, Gabriele Linke-Grün
Layout: independent Medien-Design, München
Satz: Uhl + Massopust, Aalen
Produktion: Petra Roth
Repro: Fotolito Longo, Bozen
Druck und Bindung: Kaufmann, Lahr
Printed in Germany

ISBN (10) 3-7742-5585-7
ISBN (13) 978-3-7742-5585-2

Auflage	6.	5.	4.
Jahr	2008	07	06

GRÄFE UND UNZER

Ein Unternehmen der
GANSKE VERLAGSGRUPPE

> GU-Experten-Service

Haben Sie Fragen zu Haltung und Pflege? Dann schreiben Sie uns (bitte Adresse angeben). Unsere Expertin Alexandra Roth hilft Ihnen gern weiter. Unsere Adresse finden Sie rechts.

Das Original mit Garantie

Ihre Meinung ist uns wichtig. Deshalb möchten wir Ihre Kritik, gerne aber auch Ihr Lob erfahren. Um als führender Ratgeberverlag für Sie noch besser zu werden. Darum: Schreiben Sie uns! Wir freuen uns auf Ihre Post und wünschen Ihnen viel Spaß mit Ihrem GU-Ratgeber.

Unsere Garantie: Sollte ein GU-Ratgeber einmal einen Fehler enthalten, schicken Sie uns das Buch mit einem kleinen Hinweis und der Quittung innerhalb von sechs Monaten nach dem Kauf zurück. Wir tauschen Ihnen den GU-Ratgeber gegen einen anderen zum gleichen oder ähnlichen Thema um.

GRÄFE UND UNZER VERLAG
Redaktion Haus & Garten
Stichwort: Tierratgeber
Postfach 86 03 25
81630 München
Fax: 0 89/41 98 1-1 13
E-Mail:
leserservice@
graefe-und-unzer.de

Meine Mäuse

Namen: ______________________________

So fütterre ich sie:

____
____
____

Lieblingsspiele und Spielzeug:

____
____
____

So wollen sie gepflegt werden:

____
____
____

Das sind ihre Eigenheiten:

____
____
____

Besondere Kennzeichen:

____
____
____

Das ist ihr Tierarzt:

____
____
____

GU TIERRATGEBER

damit es Ihrem Heimtier gut geht

ISBN (10) 3-7742-5582-2
ISBN (13) 978-3-7742-5582-1
64 Seiten | € 7,90 [D]

ISBN (10) 3-7742-3957-6
ISBN (13) 978-3-7742-3957-9
64 Seiten | € 7,90 [D]

ISBN (10) 3-7742-5586-5
ISBN (13) 978-3-7742-5586-9
64 Seiten | € 7,90 [D]

ISBN (10) 3-7742-3839-1
ISBN (13) 978-3-7742-3839-8
64 Seiten | € 7,90 [D]

ISBN (10) 3-7742-5583-0
ISBN (13) 978-3-7742-5583-8
64 Seiten | € 7,90 [D]

Tierisch gut! Die Welt der Heimtiere entdecken und alles erfahren, was man schon immer über sie wissen wollte. So klappt das Miteinander von Anfang an – mit Wohlfühl-Garantie fürs Tier.

WEITERE LIEFERBARE TITEL BEI GU:

- GU TIERRATGEBER: **Kleine Aquarien, Schildkröten, Frettchen, Zwergkaninchen, Hamster, Meerschweinchen, Streifenhörnchen, Unser Welpe und viele mehr**

G|U

Willkommen im Leben.

LEBENSPARTNER

Zum **Glücklichsein** einer Maus gehört der Austausch und die Nähe zu **Artgenossen** unbedingt dazu. Niemals sollten Sie ein Tier allein halten. Ideal ist eine Klein-Familie von 3 bis 4 Tieren, mindestens aber ein Mäusepärchen. Mäuse kuscheln nämlich gern miteinander und betreiben auch gegenseitige Fellpflege.

Wohlfühl-Garantie für Mäuse

ERNÄHRUNG

Eine abwechslungsreiche Kombination von Körnerfutter und Saftfutter sorgt für **Gesundheit** Ihrer Mäuse bis ins hohe Alter. Schon früh sollten Sie Ihre kleinen Nager an einen möglichst **vielseitigen Speiseplan** gewöhnen. Essgewohnheiten älterer Tiere zu ändern, ist oft schwierig.

RUHEPAUSEN

Gönnen Sie Ihren Mäusen vor allem tagsüber häufige **Ruhephasen** beim Spiel. Nach 20 Minuten intensiver Beschäftigung brauchen Mäuse eine Weile Ruhe. Stören Sie die Tiere auch nicht während sie schlafen, fressen oder bei der ausgiebigen Fellpflege.

EINFÜHLUNGSVERMÖGEN

Je länger Sie sich täglich mit Ihren Mäusen beschäftigen, umso besser verstehen Sie dere **Verhaltensweisen** und können auf ihre Bedürfnisse eingehen. Fühlt sich eine Maus ve standen, wird sie ein Gefühl der Sicherheit bekommen und **schneller zahm** werden.